그리스도인은 누구인가
What it means to be a Christian

김 남 준

김남준 현 안양대학교의 전신인 대한신학교 신학과를 야학으로 마치고, 총신대학교에서 목회학 석사와 신학 석사 학위를 받았으며, 신학 박사 과정에서 공부했다. 안양대학교와 현 백석대학교에서 전임 강사와 조교수를 지냈다.
1993년 **열린교회**(www.yullin.org)를 개척하여 담임하고 있으며, 현재 총신대학교 신학과 조교수로도 재직하고 있다. 저자는 영국 퓨리턴들의 설교와 목회 사역의 모본을 따르고자 노력해 왔으며, 아우구스티누스를 비롯한 보편교회의 신학과 칼빈, 오웬, 조나단 에드워즈와 17세기 개신교 정통주의 신학에 천착하면서 조국교회에 신학적 깊이가 있는 개혁교회 목회가 뿌리내리기를 갈망하며 섬기고 있다.
주요 저서로는 **1997년도 기독교 출판문화상**을 수상한 『예배의 감격에 빠져라』와 **2003년도 기독교 출판문화상**을 수상한 『거룩한 삶의 실천을 위한 마음지킴』, **2005년도 기독교 출판문화상**을 수상한 『죄와 은혜의 지배』, 2015년도 기독교 출판문화상을 수상한 『가슴 시리도록 그립다, 가족』을 비롯하여 『깊이 읽는 주기도문』, 『인간과 잘 사는 것』, 『영원 안에서 나를 찾다』, 『교회와 그리스도의 남은 고난』, 『신학공부, 나는 이렇게 해왔다 제1권』, 『기도 마스터』, 『내 인생의 목적, 하나님』, 『십자가를 경험하라』 등 다수가 있다.

그리스도인은 누구인가

ⓒ 생명의말씀사 2018

2018년 1월 26일 1판 1쇄 발행
2019년 4월 2일　　　5쇄 발행

펴낸이 | 김재권
펴낸곳 | 생명의말씀사

등록 | 1962. 1. 10. No.300-1962-1
주소 | 서울시 종로구 경희궁1길 5-9(03176)
전화 | 02)738-6555(본사) · 02)3159-7979(영업)
팩스 | 02)739-3824(본사) · 080-022-8585(영업)

지은이 | 김남준

기획편집 | 태현주, 김정주
디자인 | 조현진, 윤보람
인쇄 | 영진문원
제본 | 정문바인텍

ISBN 978-89-04-16613-8 (03230)

저작권자의 허락없이 이 책의 일부 또는 전체를
무단 복제, 전재, 발췌하면 저작권법에 의해 처벌을 받습니다.

그리스도인은 누구인가
What it means to be a Christian

저자 서문

존재의 울림이 있는 그리스도인

어느 날, 높고 험한 산길을 지나고 있었습니다. 산 아래 군부대가 있어 길을 제외하고는 입산이 통제된 지역이었습니다. 그런데 놀랍게도 그 위에 기도원이 자리 잡고 있었습니다. 굽이굽이 고갯길을 지나는데, 눈이 많이 내려 길이 몹시 미끄러웠습니다. 할 수 없이 산 중턱에 차를 세워 두고 가방만 들고 혼자 걸어 올라갔습니다.

몇 개의 언덕을 돌아 한참 동안 눈길을 걸었지만, 인가도 행인도 볼 수 없었습니다. 그렇게 얼마나 산길을 걸었을까, 산모퉁이를 돌자 저 멀리 야트막한 오두막집 한 채가 보였습니다. 눈 덮인 산중에 굴뚝에서 연기가 피어오르는 작은 집 한 채가 서 있는 모습은 그림처럼 아름다웠습니다. 넋을 잃고 그 풍경을 바라보는데, 한 사람이 집 안에서 나와 마당에 섰습니다.

순간, 말로 표현할 수 없는 벅찬 기쁨이 마음에 차올랐습니다. 그리고 저도 모르게 이렇게 혼잣말을 했습니다. "거기, 사람이 있었구나."

그 어떤 아름다운 풍경이나 웅장한 자연보다 더욱더 감동적인 사실은 사람이 거기 있다는 것입니다. 하나님께서 소돔과 고모라를 멸하신 것은 거기 사람이 없었기 때문입니다. 하나님께서 참으로 사람답게 여기시는 의인이 거기에 없었기 때문입니다(창 18:26).

이 책은 엄청나고 기발한 신앙생활의 방법을 제시하지 않습니다. 이제껏 우리가 이 일 저 일을 하는 것이 신앙생활이라고 이해해 왔다면, 이 책은 그저 그리스도인으로 존재하는 것만으로도 충분히 위대한 선포임을 다시 상기시킵니다. 우리의 존재 자체가 우리가 이 세상에 전하는 위대한 영향력이라는 이야기를 풀어 갈 뿐입니다.

대단한 이야기가 아니지만, 몰랐던 이야기도 아니지만, 저는 이것이 그 어떤 이야기보다도 오늘날 그리스도인들이 귀 기울여 들어야 할 성경의 가르침이라고 생각합니다. 존재의 울림이 곧 품격입니다. 그래서 저는 눈부시지만, 끊임없이 인간을 소외시키는 물질문명에게서도 우리가 이 말을 듣게 되기를 기도합니다.
"거기에 그리스도인이 있었다."

2017년 12월
그리스도의 노예 **김남준**

목 차

저자 서문　존재의 울림이 있는 그리스도인　　　　　　　　4
프롤로그　존재의 울림　　　　　　　　　　　　　　　　　12

1부
그리스도인은 누구인가?

1장　택하신 족속　　　　　　　　　　　　　　　　　33

'택하신 족속'의 의미 ǀ 당시 그리스도인에 대한 인상 ǀ 그리스도인의 구별, 존재적 특성 ǀ 보다 중요한 것 ǀ 신자의 존재와 선포의 사명 ǀ 이 세대를 본받지 말라 ǀ 하나님의 은혜가 필요합니다

2장　왕 같은 제사장　　57

두 가지 해석 | 루터의 발견 | 제사장 나라의 은유 | 하나님의 특별한 민족적 선택 | 하나님과 인간들 사이의 중재자 | 하나님께서 특별히 아끼시는 족속 | 신약의 왕 같은 제사장들 | 하나님이 우주 만물의 왕이심 | 교회, 하나님을 위한 봉사의 공동체 | 신자를 통해 세상이 구원받게 하심 | 신자의 탁월한 지위 | 승리의 확신

3장　거룩한 나라　　87

신자의 정체, 거룩한 나라 | '거룩함'의 의미 | 하나님께 바쳐진 구별 | 하나님과의 관계 | 거룩하심에 대한 인식 | '나라'의 의미 | 거룩한 나라가 되기 위해 필요한 것들 | 거룩하신 하나님 앞에서

4장　하나님의 보물　　111

'그의 소유'의 의미 | 보물 같은 백성들 | 교회의 아름다움 | 교만과 열등감 사이에서 | 세상을 사랑하지 말라 | 여러분은 하나님의 보물입니다

2부

우리는 어떻게 살 것인가?

5장 **빛 가운데 행하라** 141

구원의 은혜에 어울리는 삶 | 우리에게 행하신 일 | 어둠에서 불러냄 | 지성적 어둠 | 영적 어둠 | 도덕적 어둠 | 빛으로 들어가게 함 | 자율적인 존재로서의 인간 | 그 빛 가운데 거하라

6장 **하나님의 덕을 선포하라** 171

덕이란 무엇인가 | 불러야 할 찬송 | 공동체가 해야 할 일 | 존재의 울림으로 선포하라

에필로그 돋는 햇살처럼	188
주	194
참고 문헌	202

프롤로그

존재의 울림

사도 베드로가 베드로전서를 기록한 시기는 로마의 황제 네로(Nero, 37-68)가 기독교를 핍박하던 무렵이었습니다. 주석가들은 "바벨론에 있는 교회가 너희에게 문안하고"(벧전 5:13)라는 말씀을 근거로 이 서신의 기록 장소가 로마라고 봅니다. 교회에 대한 박해가 극심해지자 베드로는 핍박 가운데 있던 교회들을 격려해야 할 필요성을 느꼈습니다.

베드로는 예수 그리스도를 세 번이나 모른다고 부인하였던 뼈아픈 실패의 경험을 가진 인물이었습니다(마 26:75). 그렇기 때문에 베드로는 더욱더 교회가 믿음을 배반하지 않고 그리스도를 향한 믿음을 굳건히 하도록 격려하고자 하였습니다.

그렇지만 베드로전서는 핍박을 견디는 성도들의 이야기만을 다루고 있지는 않습니다. 오히려 이 서신에는 우리의 일상생활에 대한 실천적이고 교훈적인 내용들이 풍부하게 기록되어 있습니다.

베드로전서가 다루고 있는 주제들을 장별로 간략히 살펴보면 다음과 같습니다. 1장은 소망, 2장은 하나님의 백성, 3장은 남편과 아내의 관계, 4장은 청지기로서의 신자의 인생 그리고 5장은 교회와 목양에 대하여 다루고 있습니다. 이러한 성경의 가르침은 매우 포괄적으로, 세상의 교훈과는 다른 그리스도인의 지혜를 보여줍니다. 거기에는 유일하고 확실한 토대가 있습니다. 그것은 바로 신자의 산 소망이 되시는 우리 주 예수 그리스도이십니다(딤전 1:1). 그 토대 위에서 그리스도인은 하나님의 자녀로서 어떻게 하나님과 세계와 또 인간들과 관계를 맺으며 살아가야 하는지 알 수 있습니다.

이러한 그리스도의 중심성은 베드로전서 1장과 나머지 2-5장을 연결해 주는 중요한 신학적 주제에서도 드러납니다. 그것은 바로 '산 돌'(living stone)이신 그리스도입니다. 성경은 말합니다. "너희도 산 돌같이 신령한 집으로 세워지고 예수 그리스도로 말미암아 하나님이 기쁘게 받으실 신령한 제사를 드릴 거룩한 제사장이 될지니라"(벧전 2:5).

산 돌이신 그리스도

성경이 예수 그리스도를 '산 돌'이라고 묘사하는 의미를 정확히 이해하려면, 그분이 '모퉁이의 머릿돌'이라고도 불리셨다는 사실을 함께 생각해야 합니다. "이 예수는 너희 건축자들의 버린 돌로서 집 모퉁이의 머릿돌이 되었느니라"(행 4:11).

모퉁잇돌은 서로 다른 방향의 두 벽이 만나는 자리에 놓여 건물의 무게와 구조 전체를 떠받쳐 주는 역할을 합니다. 건축학적으로 건물에서 가장 중요한 기초석으로서, 성경에서 이 표현은 유대인과 이방인을 연결하는 그리스도를 가리킵니다.

당시 예수 그리스도의 복음이 유대인들의 지경을 넘어서 이방 나라에까지 전파되었습니다. 복음은 예루살렘에서 시작하였으나 그 영향력은 로마 제국 전체로 번져 갔습니다. 교회 안에는 유대인으로서 그리스도인이 된 사람들도 있었고 이방인으로서 그리스도인이 된 사람들도 있었습니다. 그들은 모두 예수 그리스도를 믿고 교회의 회원이 되었습니다. 그렇지만 처음부터 그들은 사고방식과 삶의 양식, 세계관과 인생관에 있어서 너무나 많은 차이점들을 가진 사람들이었습니다.

이처럼 서로 다른 문화의 토양을 가진 사람들이 그리스도의 몸인 교회에 접붙여져서 완전히 새로운 가치관을 받아들이고 한 형제가 되는 것은 결코 쉬운 일이 아니었습니다. 그런데 그들은 마치 서로 다른 두 방향의 벽이 만나 하나의 건축물을 이루는 것처럼, 예수 그리스도를 통해 하나의 몸을 이루었습니다. 이것이 바로 예수 그리스도가 '집 모퉁이의 머릿돌'이라고 불리는 의미입니다(행 4:11).

성경은 이 모퉁잇돌인 예수 그리스도를 '산 돌', '생명을 가진 돌'로도 묘사하였습니다(벧전 2:5). 이것은 단순히 유대인과 이방인을 연결하는 것만이 아니라, 양쪽에 생명을 불어넣으시는 분으로서의 예수 그리스도를 보여줍니다. 유대인이든지 이방인이든지 그리스도께 접붙여져서 하나님의 생명과 사랑을 공급받음으로 더욱 온전한 한 몸이 될 수 있었습니다. 이것은 그들이 이미 교회를 이루었을 뿐 아니라 계속해서 그리스도의 온전한 몸으로 지어져 가는 것을 보여줍니다(엡 2:21).

한 사람이 예수 그리스도를 믿고 회개하여 구원을 얻으면 그것은 자기

혼자만의 구원이 아닙니다. 그의 구원은 이미 존재하는 교회에 접붙여짐으로써 이루어지기 때문입니다. 그는 많은 성도들과 함께 영적으로 연결됩니다. 그리고 그 연합은 그리스도와의 영적 연합입니다. 우리는 그 연합을 통해 하나님께서 그리스도를 통해 교회에 주신 생명에 참여합니다(롬 12:5). 이것이 바로 그리스도인이 교회와 한 몸이 된다는 의미입니다.

물론 이러한 구원에 있어서 교회의 중심성을 다른 방식으로 오해해서는 안 됩니다. 교회가 사람들을 구원할 권세를 홀로 가지고 있다고 보거나 인간을 구원하는 권세를 교회의 성례에서 찾을 수 있다고 하는 신학적 주장은 성경적인 것이 아닙니다(행 4:12). 구원은 결코 성례에 참여하는 것이나 그것들로써 인정되는 공로를 통하여 주어지는 것이 아닙니다(롬 3:27-28).

우리는 구원을 생각할 때 개인적인 측면과 공동체적인 측면을 함께 고려해야 합니다. 구원은 개인적인 사건일 뿐 아니라 교회론적인 사건이기도 합니다. 우리는 각자 그 은혜를 인하여 믿음으로 말미암아 구원을 받습니다(엡 2:8). 이미 그것은 함께 구원받은 그리고 구원받기로 예정되어 있는 지체들과 함께하는 구원입니다(엡 1:5, 11). 그래서 교회가 없이는 지체가 없고, 지체가 없이는 교회도 존재하지 않습니다(고전 12:27).

모든 그리스도인은 자신이 다른 지체들과 영적으로 한 몸임을 기억해야 합니다. 예수 그리스도로 말미암아 한 몸이라는 사실을 인식하고 있어야 합니다(고전 10:17). 이러한 신학적 인식은 구원받은 이후 신자의 삶에 매우 중요합니다. 구원은 신앙생활에 있어서 종착역이 아니라 출발점입니다. 그러므로 구원은 사명에 관한 한 완성이 아니라 시작입니다(롬 1:5-6). 그리스도인이 그 사명에 대한 하나님의 부르심을 느끼는 것이 소명입니다. 개별적으로 다양한 소명들이 있어도 그 부르심은 하나로 총화를 이루어 하나님의 나라의 완성에 이바지합니다(골 3:15 참고).

자신이 구원받은 지체들과 함께 그리스도를 머리로 하는 하나의 교회인 몸에 접붙여져 있다는 사실을 인식하지 못하는 사람들은 이 사명에 대한 인식이 명료할 수 없습니다. 그들은 결코 다른 지체들과 함께 진리와 사랑으로 한 몸을 이룸으로써, 자신에게 주어진 개별적인 사명을 통해 보편 교회 전체에게 주신 사명을 잘 감당해 나갈 수 없습니다.

우리가 그리스도인의 사명에 대해 말하기 전에 반드시 구원을 올바르게 이해해야 하는 것도 바로 이 때문입니다. 우리는 각자를 향한 하나님의 부르심을 하나님 나라의 완성이라는 큰 틀 안에서 전망할 수 있어야 합니다(골 4:11, 살후 1:5 참고).

사명이 있는 복음

이처럼 복음을 믿는다는 것은 하나님의 나라를 위한 사명을 포함합니다. 왜냐하면 한 사람이 복음을 믿어 구원에 이르게 된 것은 하나님의 은혜이기 때문입니다(엡 2:8-10).

하나님의 나라는 이미 그리스도 안에서 도래하였지만 아직 완성되지는 않았습니다(마 12:28, 눅 21:31). 하나님의 나라가 완전히 이루어지기 전까지는 이 세상에 하나님의 은혜와 죄가 공존할 것입니다. 구원받은 신자 안에도 은혜와 함께 잔존하는 죄의 영향력이 여전히 있을 것입니다.

그리스도인은 이미 구원받은 하나님의 자녀로서 죄악으로 가득 찬 이 세상을 살아가게 됩니다. 그래서 그리스도의 몸인 교회와 함께 세상의 죄악과 교회의 불완전함 때문에 고난을 겪으면서도, 자기에게 주어진 새 생명의 원리를 따라 이 세상을 거슬러 살아가야 합니다(요 5:26, 6:53). 결국 세상에서 신자의 삶은 하나님 나라의 완성을 위한 사명자로서의 삶입니다.

우리는 이미 그리스도 예수의 십자가의 죽으심과 부활을 통해 구원을 받은 사람들입니다. 하나님을 알지 못하였던 사람들이었는데, 그리스도를 만나 그분의 자녀가 되었습니다(요 1:12). 우리는 멸망 가운데서 죄에 종노릇하던 사람들이었는데, 성령의 역사로 말미암아 믿음으로 구원을 얻고 의(義)의 종이 되었습니다(롬 6:16-18). 우리는 허물과 죄로 죽었던 사람들이었는데, 그리스도의 생명으로 살아나게 되었습니다(엡 2:1).

이 생명의 본질은 그리스도를 통한 삼위 하나님과의 영적인 교통입니다(요 5:26). 그러므로 하나님과의 교통을 통해 우리는 충만한 생명과 사랑을 누리게 됩니다. 그리고 이것은 우리가 진리를 인식하고 성령 안에서 은혜를 받음으로써 현실화됩니다.

그리스도 예수 안에서 거듭나 새로운 피조물이 된 우리는 세상 사람들과는 전혀 다른 이유를 가지고 세상을 살아가게 됩니다. 그것이 바로 영생의 소망입니다(딛 1:2, 3:7). 그래서 오늘도 우리는 하나님을 의지하고 말씀에 순종하며 살아가기를 갈망합니다. 진리의 말씀과 성령의 은혜를 따라 자신을 부인하며 살아가려고 분투합니다. 하나님께서는 우리에게 이러한 선한 삶을 살아갈 수 있는 능력을 주십니다(빌 1:29). 그것이 바로 하나님의 은혜입니다. 이것은 세상 자원이 아니라 하늘 자원입니다.

하나님의 자녀는 하나님의 은혜가 부족하기 때문에 세상의 악을 이기지 못하거나 하나님의 용서가 모자라기 때문에 버림받는 일은 없습니다.

혹시 그런 일이 생긴다면 그것은 하나님의 인색함이 아니라 우리 믿음의 부족함 때문입니다(롬 9:23, 엡 1:7, 약 1:5). 하나님께서는 언제나 간절히 구하는 자들에게 은혜를 주십니다. 죄를 지어 침체에 빠진 신자들에게 용서를 베풀어 다시 살게 하십니다(시 130:4). 이것이 바로 구원받은 자들의 특권입니다.

그리스도를 향한 순수한 사랑이 우리의 마음에 있으면 삶의 방향은 달라질 수밖에 없습니다. 왜냐하면 전에는 자기를 사랑하던 사람들이었지만, 구원받은 후에는 하나님을 사랑하는 사람이 되었기 때문입니다.

구원의 은혜는 우리로 하여금 하나님께서 주신 사명을 따라 살게 합니다(고전 3:10 참조). 은혜는 이미 사명에 대한 부르심을 내포하고 있기 때문입니다. 만약 그렇게 살지 않는다면 우리는 구원받은 사람이 아니거나, 구원의 신학적 의미가 충분히 이해되지 않은 무지 속에서 살고 있는 것입니다.

우리는 구원을 받았다고 고백하면서도 불신자보다 더 악하게 살아가는 신자들을 봅니다. 그리스도의 복음에 대한 체험을 가지고 있다고 하면서도 변화된 인생의 목표도 사명감도 없이 사는 사람들을 봅니다. 이러한 현실은 어떻게 설명해야 하겠습니까?

첫째로는, 그들이 구원받았는지를 의심해 볼 수 있습니다. 둘째로는, 구원받았지만 복음에 대한 지식이 심각하게 결핍되어 있을 수 있습니다. 셋째로는, 구원받았지만 실제로 구원에 대한 감격을 잃고 침체에 빠진 것일 수 있습니다. 이는 그가 하나님께 순종하고 은혜 안에서 살아가는 영적인 생활에서 멀어졌기 때문에 구원의 실재를 경험하지 못한 채 살고 있는 것입니다.

존재한다는 것

신자의 가장 중요한 사명은 무엇일까요? 신자의 사명에는 보편적인 사명과 개별적인 사명이 있습니다. 우리는 흔히 신학교에 입학하여 목회자가 되거나 교회 안에서 전도와 선교 등 이러저러한 봉사를 하는 것만이 사명이라고 생각합니다. 그러나 그것들은 개인에게 주어지는 개별적인 사명입니다. 신자에게는 개별적인 사명뿐 아니라, 그것보다 더 중요하고 절대적인 가치를 지닌 보편적인 사명도 있습니다. 그것은 바로 우리가 하나님께서 우리를 창조하시고 구원하실 때 의도하신 존재가 되는 것입니다.

마가복음 3장에는 예수 그리스도께서 열두 제자를 부르신 목적이 기록되어 있습니다. "이에 열둘을 세우셨으니 이는 자기와 함께 있게 하시고 또 보내사 전도도 하며"(막 3:14). 이 본문에 의하면 예수 그리스도께서 제자들을 부르신 최우선의 목적은 당신과 '함께 있게' 하시는 것이었습니다. 무엇 때문일까요? 왜 예수 그리스도께서는 제자들을 부르셨을 때 하나님의 나라를 위해 능력 있는 전도자, 설교자, 치유자로 일하게 하시는 것을 가장 먼저 제시하시지 않고 당신과 '함께 있게' 하시는 것이라고 말씀하고 계십니까?

우리는 여기서 인간을 구원하신 하나님의 계획을 읽을 수 있습니다. 하나님께서는 우리가 이 세상에서 참으로 하나님께서 의도하셨던 사람답게 존재하기를 바라셨습니다. 즉, 우리가 하나님을 알지 못하던 때와는 다른 존재로서 이 세상에 '있는' 것을 바라셨습니다. 이로써 우리가 하나님이 하나님이심을 세상에 알리는 것입니다. 이것이 바로 하나님께서 우리에게 주신 가장 중요한 사명입니다.

신자의 현존(現存)이야말로 최고의 선포(宣布)입니다. 저는 이것을 '존재(存在)의 울림'이라고 부릅니다. 그리스도인은 이 세상에서 사람으로 현존하는 것, 그 자체가 하나님에 대한 웅장한 울림이 되도록 부름받은 사람들입니다. 곧 사람으로서 존재한다는 것이 '이러한 것'임을 자신의 존재와 삶의 방식으로써 선포하는 것입니다. 이것이 바로 이 책에서 다룰 내용입니다.

이 울림은 인간이 시간과 공간 안에서 살아 있어야만 들려줄 수 있는 것은 아닙니다. 경우에 따라서는 이미 유명(幽明)을 달리하였음에도 불구하고 여전히 존재의 울림이 있을 수 있습니다(히 11:4). 이것은 세상에서 뛰어나게 성공한 사람들만이 들려줄 수 있는 울림도 아닙니다.

하나님께서는 다양한 신자들로 하여금 인간으로서의 존재의 울림을 들려주는 데 사용하셨습니다. 교회의 역사를 움직인 위대한 인물들 중에는 학식이 뛰어난 사람도 있었고 그렇지 않은 사람도 있었습니다(행 4:13, 26:24). 불같은 성정을 가진 사람도 있었고 고요한 성품을 가진 사람들도 있었습니다. 그러나 그들에게는 공통점이 있었으니 바로 존재의 울림이었습니다(히 11:4, 38 참고).

존재의 울림은 '사람됨'의 문제입니다(막 6:20). 그리스도인의 가장 중요한 사명은 이 세상에서 '다른 사람'이 되는 것입니다. 그는 불완전한 세상에서 현존하는 삶으로 하나님의 성품을 보여주도록 부름받았습니다. 교회가 목양과 선교, 봉사에 힘쓰는 이유도 바로 이 목적을 이루기 위함입니다. 자신의 지체들을 더욱 온전한 사람이 되게 하고, 세상 사람들도 구원받게 하기 위해서입니다(요 10:16, 엡 4:12-13).

사람이 살아 있다고 해서 모두 사는 것입니까?(계 3:1) 하나님께서 죄인인 우리를 구원하여 그리스도인으로 삼으신 것은 우리로 참된 사람이 되게 하시기 위함이었습니다. 타락으로 말미암아 하나님의 형상(形狀)을 잃어버린 인간들에게 그리스도 구원 사건은 참 인간이 되는 길을 제시하는 것이었습니다(롬 1:17).

구원받은 이후에 한 인간이 온전한 사람이 되는 것은 하나님께서 성화를 통해 이미 받은 그의 구원을 현재적으로 완성해 가심으로써 창조 목적을 따르는 온전한 사람으로 만들어 가시는 과정입니다(마 5:48, 요 17:23). 신자인 우리가 이 땅에 살아 있는 날 동안, 성령께서는 진리 안에서 끊임없이 죄로부터 우리의 본성이 순결하게 하십니다(빌 2:15). 이로써 우리로 하여금 그리스도를 통해 보여주신 하나님 형상을 닮아가게 하십니다. 그리고 그 과정을 통해 교회를 보다 더 온전하게 하십니다.

그리스도인들이 세상에 들려주어야 할 존재의 울림은 이것입니다. 바로 이 세상에 있는 많은 사람들에게 하나님께서 세계를 창조하신 의도와 인간을 지으신 목적이 무엇인지를 보여주는 것입니다.

사실 사회적 지위가 높은 사람은 그러한 지위에 오르고 싶어 하는 사람들에게 울림이 됩니다. 학문과 예술에 있어서 재능이 아주 뛰어난 사람은 그러한 재능을 갖고 싶어 하는 사람에게 울림을 들려줍니다. 그러나 그것은 단지 그들의 성공이 주는 울림일 뿐입니다. 그것은 우리가 여기서 말하는 존재의 울림이 아닙니다. 여기서 말하는 존재의 울림은 사람들에게 인간 존재의 의미를 깨닫게 하는 울림입니다. 다시 말해서 그것은 그런 울림을 들려주는 사람 앞에서 세상 사람들이 부끄러움을 느끼게 하는 울림입니다.

자주는 아니지만 참된 그리스도인으로서 존재의 울림이 있는 사람들을 만날 기회가 있습니다. 그럴 때면 우리는 반성하게 됩니다. '아, 내가 이것밖에 되지 않는 사람인가!' 자신이 이 정도밖에 안 되는 인간이라는 사실이 부끄럽기도 하고, 그들에게서 느껴지는 감동의 실체를 알고 싶다는 생각을 하게 됩니다. 나아가서 그들처럼 되고 싶다는 마음을 품게 됩니다. 하나님께서 우리를 구원하신 것은 바로 이렇게 존재함으로써 세상 사람들에게 영향을 끼치게 하시기 위함이었습니다.

1부
그리스도인은 누구인가?

'꽃샘바람'이라는 말이 있습니다. 여기서 샘은 '시샘'의 줄임말로, 초봄 꽃이 피는 것을 시샘하듯 매섭게 바람이 분다는 의미입니다.

매년, 봄기운에 한발 앞서 옷깃을 여미게 하는 찬바람이 찾아옵니다. 사람이야 찬바람을 피해 따뜻한 곳을 찾기라도 하지만, 나무들은 겨우내 추위와 싸우느라 앙상해진 몸으로 고스란히 그 바람 앞에 설 수밖에 없습니다.

언젠가 그런 이야기를 했더니, 원예에 조예가 깊으신 분이 이렇게 말해 주었습니다. "목사님, 걱정마십시오. 초봄에 강한 바람에 시달리는 일은 저 나무의 성장에 꼭 필요한 일입니다. 나무가 저렇게 모진 바람에 흔들려야, 새싹을 내는 데 필요한 영양분이 뿌리에서 위로 잘 올라갑니다. 만약 차가운 바람이 안 불고 바로 따뜻한 봄이 찾아오면, 한겨울 내내 활동하지 않았던 나무줄기들이 어떻게 가지 끝까지 영양분을 보내 싹을 틔우겠습니까?"

그리스도인이 되면 인생의 음산한 겨울이 끝나고 화사한 봄이 시작될 것이라고 사람들은 생각합니다. 그러나 그리스도인으로 살아가는 일은 따뜻한 봄햇살 아래서 꽃놀이를 즐기는 순간만 있는 것이 아닙니다. 어쩌면 초봄의 거센

바람 앞에서 흔들리며 서 있어야 할 때가 더 많습니다.

그런데 그때마다 신세 한탄이나 하며, 꽃샘바람을 원망하는 데 급급하다면 어찌 행복할 수 있을까요? 편한 생활만이 행복이라고 생각하며 지낸 사람 가운데 인간의 위대함을 보여준 사람이 없습니다. 마찬가지입니다. 고난 없이 형통한 삶이 그리스도인의 삶이라고 생각하는 그리스도인에게서는 신앙의 위대함을 발견할 수 없습니다.

어느 작가가 '꽃샘바람'을 꽃을 시샘하는 게 아니라 꽃을 세우기 위한 바람이니 '꽃세움바람'이라고 부르겠다고 하였는데, 참으로 멋진 해석입니다. 그리스도인에게 부는 고난의 바람도 그리스도인을 시샘해서 괴롭히기 위한 것이 아니라 그리스도인을 그리스도인답게 세우기 위한 것입니다.

지금, 세찬 바람 앞에 서 계십니까? 그 바람은 여러분을 넘어뜨리기 위한 것이 아니라 성장시키기 위해 하나님께서 주신 상황입니다. 우리의 삶에 원치 않았던 상황들이 전개되는 것을 통해 우리는 자신의 부족함을 깨닫기도 하고 그릇된 길에서 돌이키기도 합니다. 만약 우리가 하나님의 뜻을 거역하는 삶을 살아가는데도 하나님께서 우리에게 꽃길만을 걷게 하신다면, 우리의 영혼은 어떻게 될까요? 그러므로 지난 날 우리가 겪었던, 그리고 어쩌면 지금도 겪고 있는 추운 바람은 그 자체로 하나님의 은혜입니다.

  그런데 많은 그리스도인들이 그의 삶에 원치 않는 상황이 전개되는 이유는 하나님께서 그의 패역함을 고치고자 하시기 때문이라는 평범한 사실을 쉽게 인정하려 하지 않습니다.

  사람들은 자신이 겪고 있는 문제의 원인을 본질적인 곳으로 돌아가서 생각하려고 하지 아니하고 아주 간단한 것 한두 가지에 국한해서 헤아리려 합니다. 그래서 그들은 넘어진 지점에서 또 넘어지고, 무너진 지점에서 또 무너집니다. 인생의 문제들을 이렇게 피상적으로 이해하며 살아간다면, 영원히 땜질식의 인생밖에는 살 수 없습니다. 인생에 있어서 궁극적인 변화가 필요하다면 문제를 본질적으로 해결해야 합니다.

  이 책에서 우리는 우리 자신에게서 문제의 원인을 찾아보려고 합니다. 이 책은 아주 근원적인 질문에 대해 답하고 있습니다. '그리스도인은 누구인가?'

성경은 그리스도인을 '택하신 족속, 왕 같은 제사장, 거룩한 나라, 하나님의 보물'이라고 말합니다(벧전 2:9). 사실 이것은 신약성경에서 그리스도인의 정체성을 규정하는 중대한 선언입니다.

오늘날 교회가 제 역할을 다하지 못하고 그리스도인의 삶에 그리스도인이기에 누리는 기쁨이 없는 것은 그리스도인의 올바른 정체성을 결여하고 있기 때문입니다. 신앙의 피상성이야말로 우리가 깊이 고민해야 할 문제로, 오늘날 우리 모두가 염려하고 있는 교회의 도덕적 위기 상태의 극복은 그리스도인이 이러한 신앙의 피상성을 극복하고 자신들의 현존으로 세상에 존재의 울림을 울릴 때 비로소 가능해집니다.

그리스도인들이 아무렇게나 살아가는 것은 자기가 누구인지를 정확히 모르기 때문입니다. 그리스도인은 그렇게 살아서는 안 되는 사람들입니다. 그리스도인들이 그리스도인으로서의 정체성을 바르게 확립하고, 하나님의 사랑을 받는 존재로서의 자존감을 갖고 살아갈 때, 세상은 그런 우리를 바라보며 하나님을 생각하게 될 것입니다.

우리는 하나님의 택하신 족속입니다. 하나님께서는 우리를 새로운 존재로서 구별된 삶을 살게 하시고자 선택하셨습니다. 그리고 그 선택은 우리가 예수 그리스도 안에서 새로운 피조물이 됨으로써 실현되었습니다. 그러니 우리는 이 사명에 충실하지 않고는 결코 진정한 행복을 누릴 수 없습니다.

1장

택하신 족속

우리는 하나님께서 택하신 족속입니다. 그리고 택하신 족속에게는 특별한 사명이 있습니다(벧전 2:9).

그리스도인이 사명을 따라 살지 않는 이유는 자기가 누구인지 모르기 때문입니다. 자신이 누구인지를 정확하게 알고 복음이 자신의 인생에 의미하는 바를 깨닫는다면, 신자는 결코 목적 없는 삶을 살 수 없습니다. 인생의 모든 일들이 자신의 뜻대로 될 때에는 하나님 없이 살다가 어려운 일을 당해야 일시적으로 하나님을 의지하고 회복되면 다시 세상으로 돌아가는 삶을 살지는 않을 것입니다(히 10:38-39).

사도 베드로는 핍박을 받고 있는 그리스도인들에게 편지를 써서 그들의 정체성을 상기시켰습니다. 사도는 그들의 사명에 대해서 언급하였는데, 그것은 바로 그리스도의 아름다운 덕(德)을 이 세상에 선포하는 것이었습니다(벧전 2:9).

그가 지적한 구원받은 신자의 정체성은 다음과 같습니다. (1) 택하신 족속. (2) 왕 같은 제사장. (3) 거룩한 나라. (4) 하나님의 소유가 된 백성.

'택하신 족속'의 의미

첫째로, 택하신 족속입니다(벧전 2:9). 우리말 성경에서 '택하신 족속'이라고 번역된 부분은 헬라어 성경에 게노스 에클렉톤(γένος ἐκλεκτόν)이라고 나옵니다. 이것은 '선택받은 족속'이라는 의미입니다.

여기에서 게노스(γένος)는 '한 조상의 핏줄로 연결된 후손' 혹은 '한 왕의 통치를 받는, 동일한 문화를 가진 한 백성'을 의미합니다. 그리고 에클렉톤(ἐκλεκτόν)은 '선택된'이라는 뜻입니다.[1]

구약 히브리어 성경의 헬라어 번역인 70인역(Septuagint)을 살펴보면 게노스의 용례를 알 수 있습니다. 70인역에서도 이 단어는 '한 조상 아래서 태어난 자손'을 의미합니다(레 21:17). 그러나 이것이 반드시 핏줄로 연결된 자손들만을 가리키는 것은 아니었습니다. 할례를 통해 언약 백성이 된 이방 사람까지 포함하는 공동체의 구성원들을 총칭하는 말로도 사용되었습니다(창 17:14).

"너희는 택하신 족속이요"라고 칭찬을 받은 사람들도 단지 지역 교회의 성도들이 아니었습니다. 여기서 '너희'는 로마 제국 전체에 흩어져 있었던, 그리스도를 주로 고백하는 모든 신자들의 영적인 연합인 보편 교회를 가리킵니다. 본문은 보편 교회 전체를 가리켜 게노스, 곧 '족속'이라고 부르고 있습니다. 그리고 오늘날 이 시대의 모든 참 교회에 속한 그리스도인들인 우리가 바로 그 '족속'입니다.

오늘날 그리스도인들에게 과연 이처럼 세상 사람들과 구별되어 '족속'이라고 불릴 수 있을 독특하고 고유한 표지(標識)가 있을까요? 오늘날 세상 사람들이 조국교회의 그리스도인들을 볼 때 '아, 이 사람들은 예수를 믿는 사람들이구나!' 하고 인정하지 않을 수 없게 하는 독특한 표징이 있습니까? 만약 그 표징이라는 것이 단지 그들이 주일마다 자기들끼리 교회에 모이는 것, 직장에서 신우회를 만드는 것, 가정 행사에 목회자를 초청해 예배드리는 것이 전부라면 그것은 매우 슬픈 것입니다.

그리스도인이 누구인지에 대한 분명한 이해를 갖기 위해서 우리는 잠시 초대 교회 시대의 문맥으로 돌아가 볼 필요가 있습니다. 복음이 능력

있게 선포되고, 기독교의 정체가 세상에 드러나기 시작했던 주후 1-2세기로 가서 그 당시 사람들이 그리스도인들에 대해 어떤 인상을 가지고 있었는지 살펴보는 것은 매우 유익한 일입니다.

당시 그리스도인에 대한 인상

사도 요한의 제자 폴리카르포스(Polycarp, 69-155)는 로마가 기독교를 핍박하던 시기에 사도들을 뒤이어 교회를 보살핀 인물입니다. 소위 속사도 교부라고 불리는 사람들 중 하나입니다. 그의 이야기를 다룬 『폴리카르포스의 순교』(Martyrium Polycarpi)라는 책에는 그리스도인에 대한 이방인들의 평가가 다음과 같이 기술되어 있습니다. "그들은 하나님을 사랑하고 경외하는 족속들이다."[2]

테르툴리아누스(Tertullianus, 160경-220경)의 『이방인들에게』(Ad Nationes)와 알렉산드리아의 클레멘스(Titus Flavius Clemens, 150경-215경)의 『잡문록』(Stromata)에도 당시 그리스도인들을 소개하는 대목이 나옵니다. 테르툴리아누스는 그리스도인들을 '제3의 족속'이라고 불렀고, 클레멘스는 그리스도인들을 유대인이나 이방인들과는 다른 새로운 방식의 삶을 사는 족속이라고 말했습니다.[3] 곧 그리스도인들이 예수 그리스도로 말미암아 수립된 새 언약 안에서 살아가는 복음적 삶의 방식이 당시 사람들에게 매우 독특한 인상을 주었음을 보여줍니다.

당시 유대인들과 이방인들은 매우 뚜렷하게 구별되었습니다. 유대인들의 삶은 모세의 가르침을 중심으로 유대교 사상의 틀을 따르고 있었고, 이방인들의 삶은 이방의 세계관과 종교의 가르침을 따르고 있었습니다.

그런데 유대인들과도 다르고 이방인들과도 다른, 독특한 세계관과 인생관을 가지고 새로운 방식의 삶을 살아가는 또 다른 부류의 사람들이 나타난 것입니다. 그들이 바로 '그리스도인'이라는 새로운 '족속'들이었습니다.

『영웅전』(Parallel Lives)으로 잘 알려진 그리스 말기의 작가 플루타르코스(Plutarchos, 46경-120경)는 78편의 수필로 구성된 『도덕론』(Moralia)이라는 책도 집필하였습니다. 『윤리론』이라고도 불리는 이 책에서도 우리는 그리스도인에 대한 당시 사람들의 인상을 엿볼 수 있습니다.

당시 그리스도인들은 위험한 사상을 퍼뜨린다는 이유로 고소를 당해 로마 법정에 피고로 서게 되었습니다. 그때 로마 사람들은 로마의 법정이 내리는 판정을 '신성한 판결'(divine judgement)이라고 불렀는데, 플루타르코스는 『도덕론』에서 그 장면을 묘사합니다. "(로마의 신성한 재판의 피고가 된) 그리스도인들은 고결하고 하나님의 사랑을 받는 족속들입니다."[4]

이 외에도 가이사랴의 유세비우스(Eusebius, 263경-339경)가 쓴 『교회사』(Ecclesiastical History) 가운데 '멜리토'(Melito)라는 글에서도 그리스도인들은 "하나님을 두려워하는 경건한 사람들"이라고 묘사되었습니다. 이것은 당

시 로마 사람들이 그리스도인에게서 받은 독특한 인상이었습니다.[5]

　이러한 역사적인 묘사들은 그리스도인의 시각에서 또 다른 그리스도인을 평가한 것이 아닙니다. 당시 불신자들의 눈에 비친 그리스도인들의 모습이었습니다. 초대 교회의 그리스도인들은 불신자들이 보기에도 독특한 존재들이었습니다. 그래서 비록 그들이 그리스도인들이 믿는 바에 동조하지 않았다고 할지라도 분명한 사실은 이것이었습니다. 그들의 눈에 비친 그리스도인들은 하나님을 사랑하고 하나님의 사랑을 받는, 거룩하고 경건하며 선한 사람들이었습니다.

　이처럼 초대 교회의 그리스도인들은 세상 사람들과 뚜렷하게 구별되는 특징을 소유하고 있었습니다. 그들에게는 입을 열어 복음을 전할 자유가 없었습니다. 그럼에도 불구하고 세상은 그들에게서 분명한 존재의 울림을 들을 수 있었습니다.

그리스도인의 구별, 존재적 특성

　오늘날 그리스도인들은 존재의 울림에 있어서 세상 사람들과 구별되지 못하고 있습니다. 세상 사람들은 그리스도인이 자신들과 종교적으로 문화적으로 구별될 뿐, 독특한 인생관을 가지고 사는 사람들이라 생각하지 않습니다. 또한 자신들과 전혀 다른 방식의 삶을 사는 사람들이라고 생각하지도 않습니다.

그리스도인이 세상 사람들에게 보여주어야 하는 것은 그러한 종교적이고 문화적인 형식이 아닙니다. 만약 누군가가 그리스도인이라면, 그가 일평생 견지하는 삶의 내용은 세상 사람들의 그것과는 달라야 합니다(딤후 3:14 참고). 왜냐하면 그리스도인은 한 인간으로서 세상 사람들과는 전혀 다른 세계관, 인생관, 가치관을 가지고 사는 사람이기 때문입니다.

때로는 그런 삶이 세상 사람들의 이익과 충돌하여 갈등을 일으킨다고 할지라도, 그리스도인이라면 그리스도인답게 살아가야 합니다. 실제의 삶의 방식이 세상 사람들과 구별될 때, 세상은 그가 가진 신념에 관심을 갖습니다.

하나님과 세계와 인간에 대한 확고한 신념과 사상의 체계는 기독교의 특징입니다(행 28:22 참고). 따라서 참된 기독교 사상은 우리로 하여금 세상 사람들과는 현저히 다른 방향의 삶을 살게 합니다.

인간의 삶의 도리가 무엇인지를 확신하고 그 사상을 따라 일관성 있는 삶을 살아가는 사람들에게는 존재의 울림이 있습니다. 왜냐하면 그러한 삶은 곧 그 사람의 사람됨이기 때문입니다. 그래서 존재의 울림은 사상과 떼어 놓고 생각할 수 없습니다. 우리는 가끔 기독교 사상을 가지지 않은 사람들에게서도 이런 유사한 존재의 울림을 느낄 때가 있습니다.

최근에 저는 한 책에서 다음과 같은 이야기를 읽었습니다. 어느 고등학생이 형에게 놀러 갔다가 근처에 있는 절에 들르게 되었습니다. 학생은 절 이곳저곳을 구경하던 중 마침 마당에 나와 있던 한 젊은 스님에게

몇 가지를 물었습니다. "절에 있는 사람들은 누구인가요? 왜 이렇게 이상한 옷을 입고 있습니까?" 스님은 학생을 방 안에 불러 말을 이었습니다. "인생은 무상한 것이다." 이렇게 대화가 시작되었고, 한동안 문답을 하였습니다.

스님과의 짧은 만남 후 학생은 집으로 돌아가자마자 부모에게 선언하였습니다. "출가하도록 허락해 주십시오." 대대로 유교를 신봉하던 부모는 처음에는 이해를 못하였습니다. 그때 일본 유학을 통해 불교에 다소 식견이 있던 형이 부모를 설득하였습니다.

결국 그 고등학생은 출가하여 스님이 되었습니다. 그리고 70세가 넘어서 자신의 생애를 돌아보며 그때의 경험을 책에 담았습니다. 그 책에서 그는 자신에게 선문답을 건네었던 스님이 바로 성철 스님이라고 밝혔습니다.[6]

저는 그 글을 읽는 내내 한 가지 질문이 머릿속에서 떠나지 않았습니다. '도대체 무엇이 풍경이나 감상하러 절을 찾은 어린 학생의 마음을 움직여 인생에 대한 결단을 내리게 하였을까? 한 시간 남짓한 대화로 그 마음을 움직여 거의 60년 동안 후회 없이 한 길을 걷게 한 힘은 과연 무엇이었을까?' 홀로 고민하던 제 입에서 무심코 흘러나온 말이 있었습니다. "존재의 울림."

이러한 존재의 울림은 어떤 사람이 또 다른 사람에게 참으로 인간이 누구인지를 깨닫게 해주는 울림입니다. 이것은 단지 사람의 감정을 격동시키거나 지식의 욕구를 갖게 만드는 영향력이 아닙니다. 자신이 누구인지를 생각하게 만들어 주고 인간으로서 현재적인 자신의 모습에 대해 부끄럽게 만드는 전 존재적인 울림입니다. 곧 사람이 무엇인지를 깨닫게 해주는 각성을 동반한 호소력입니다. 이러한 참된 존재의 울림을 들려줄 수 있는 사람이 바로 그리스도인들입니다.

하나님께서는 우리를 구원하여 자녀로 삼아 주실 때, 이 세상 사람들에게 이런 존재의 울림을 들려주기를 기대하셨습니다(마 5:14). 그래서 구원받은 자녀들에게 성경을 통해 탁월한 진리와 사상, 그 진리를 사랑으로 승화시킬 수 있는 은혜를 주셨습니다. 나아가 세상 사람들을 진리의 빛으로 돌아오게 하기 위해 필요한 지상의 자원들을 허락하셨습니다(요 1:17, 8:32, 딤전 6:17).

구약 시대의 이스라엘을 떠올려 보십시오. 이스라엘은 이방 나라들과 뚜렷이 구별되었습니다. 그러나 이스라엘의 탁월함은 나라의 크기나 군인의 숫자에 있지 않았습니다(신 7:7). 만약 하나님의 나라가 영토의 규모나 군사력의 강대함으로 이루어지는 것이라면, 하나님께서는 이스라엘 대신 이집트나 로마, 영국이나 중국, 몽골을 택하셔야 했습니다. 이스라엘이 자랑스러워하는 다윗 왕국의 번영도, 세계 역사의 맥락에서 보면 아주 작은 나라의 보잘것없는 역사일 뿐입니다.

그럼에도 불구하고 하나님께서는 이스라엘을 택하셨습니다(시 33:12). 왜냐하면 인간이 누구이며 무슨 목적을 위해 어떻게 살아야 하는지를 깨닫게 하는 존재의 울림을 이스라엘을 통해 들려주시고 싶으셨기 때문입니다.

하나님께서는 이스라엘이 그러한 존재의 울림을 들려줄 수 있도록 계시의 말씀과 은혜를 주셨습니다. 비록 세계 역사 속에서 이스라엘은 아주 작은 나라였지만, 어두운 세상에 진리를 보여주기에는 충분하였습니다. 마치 풍랑이 이는 어두운 밤바다에서 위험에 처한 수많은 배들이 뱃길을 찾는 데 등대의 불빛 하나로 충분한 것처럼 말입니다.

하나님께서는 이스라엘을 택하시고 그들에게 이방 민족과 구별된 삶을 요구하셨습니다. 이스라엘로 하여금 이방 나라들 한가운데서, 그들과 다른 존재임을 보여주게 하신 것이었습니다(사 42:6, 49:6). 이러한 사명을 영적인 이스라엘인 신약의 교회가 계승하였습니다.

이처럼 그리스도인은 존재에 있어서 다른 사람들과 구별됩니다. 이것은 성경에 잘 드러나 있습니다. "너희가 내게 대하여 제사장 나라가 되며 거룩한 백성이 되리라 너는 이 말을 이스라엘 자손에게 전할지니라"(출 19:6). "너희는 내 백성이 되겠고 나는 너희의 하나님이 되리라"(렘 11:4).

이러한 하나님의 약속은 신약 시대에 이르러 새로운 방식으로 실행됩니다. "네게서 한 다스리는 자가 나와서 내 백성 이스라엘의 목자가 되리라 하였음이니이다"(마 2:6).

예수 그리스도께서 인류의 죄를 위해 십자가에 죽으심으로써 새 언약 안에서 믿는 자들을 하나님의 백성이 되게 하셨습니다. 그들을 구원하시고 복음의 지식으로써 이 세상에서 참으로 인간으로 산다는 것이 무엇인지 보여주게 하셨습니다(벧전 1:15, 벧후 3:11).

새 이스라엘이 된 우리의 가장 중요한 사명은 이것입니다. 하나님을 모르고 살아가는 사람들과 하나님 아버지를 아는 우리가 어떻게 구별된 존재인지를 삶으로써 보여주는 것입니다. 그리고 우리가 그들보다 참 행복을 누리며 산다는 것을 보여주는 것입니다(마 5:8-11, 요 13:17).

보다 중요한 것

예수 그리스도께서 이 땅에 오셔서 천국 복음을 선포하셨습니다(눅 8:1). 그때 높은 지위를 가진 부자들만 예수님께 마음을 열었습니까? 아니면 낮고 천한 신분의 사람들에게만 복음이 파고들었습니까? 그렇지 않았습니다(마 27:57, 행 13:1).

복음은 모든 세대와 계층을 뛰어넘는 기쁜 소식입니다. 왜냐하면 가난하거나 부하거나 천하거나 귀하거나 하는 것은 먹고 사는 양태나 방식에 있어서의 차이일 뿐, 인생의 근본적인 문제인 소외와 고통에 있어서는 차이가 없기 때문입니다.

그러므로 예수 그리스도께서 이 땅에 오셨을 때, 종살이를 하는 노예도 노예를 부리는 주인도 모두 복음을 필요로 하였습니다(마 11:5, 19:21, 27:57). 그리고 사회적인 지위와 상관없이 참된 존재의 울림은, 복음을 더 간절히 한결같이 붙들고 살아가려는 사람들에게서 세상 사람들에게로 울려 퍼졌습니다. 도대체 무엇이 그리스도인으로 하여금 그러한 존재의 울림을 들려줄 수 있게 할까요?

오늘날 세상 사람들은 교회를 무시하고 그리스도인들을 비난합니다. 그것은 역사 속에서 드물게 있었던 일이 아닙니다. 그래서 교회는 어떻게 하면 세상 사람들이 갖고 있는 나쁜 인상을 바꿀 수 있을지 고민합니다. 그러나 그 고민 끝에 나온 교회의 노력들은 기업에 큰 비리가 밝혀진 후 경영의 위기를 타개해 보려는 기업의 대처와 크게 다르지 않습니다.

일반적으로 기업이 사회적으로 좋지 않은 평가를 받기 시작하면, 주가는 떨어지고 자금 조달은 어려워집니다. 그럴 때 기업이 취하는 조치는 대개 이런 것들입니다. 기업은 대대적으로 이미지 개선 작업에 들어갑니다. 우선 물의를 일으킨 관련자들을 징계하고, 임원진을 새로 교체합니다. 문제가 된 사업은 접거나 축소하고 광범위한 설문 조사를 실시합니다. 자기들이 사회에 선한 역할을 하고 있다는 이미지를 심어 주기 위해 직원들이 가난한 달동네에 가서 연탄 배달을 하게 하고 무료 급식소를 차리게도 합니다. 그리고 나서 자신들의 이러한 변화를 언론을 통해 적극적으로 알립니다. 그리고 가끔은 회사의 이름이나 기업의 로고를 바꾸는 작업을 하기도 합니다.

오늘날 교회가 하는 일도 이와 비슷하지 않습니까? 물론 저는 지금 세상의 비난을 참고해서 자기를 개선하려는 교회의 노력들에 대해 모두 잘

못되었다고 말하는 것은 아닙니다. 교회가 잘못한 부분에 대해 반성하는 것은 꼭 필요한 일입니다. 그러나 우리에게는 그보다 중요한 일이 있습니다. 그것은 바로 기독교 신앙의 본질로 돌아가는 것입니다.

그리스도인이 이 세상 사람들과 구별되는 것은 이런저런 행동을 하거나 하지 않는 데만 달린 문제가 아닙니다. 사람이 의도적인 행동을 함으로써 다른 사람들에게 감동을 주는 것은 불가능하지 않습니다. 그러나 그런 식의 감동은 결코 오래 가지 않습니다. 사람의 마음을 사기 위한 선행은 상품(商品) 같은 것입니다. 그러나 존재 자체의 울림은 명작(名作)과도 같습니다. 세월이 흐를수록 모조품은 가치가 떨어지고, 명작은 가치가 높아집니다.

우리는 우리가 어디서부터 길을 잃었는지를 물어야 합니다. 성경은 말합니다. "어디서 떨어졌는지를 생각하고 회개하여 처음 행위를 가지라" (계 2:5).

또한 교회의 역사를 돌아보는 일도 꼭 필요합니다. 교회가 본질적으로 기독교 신앙에 충실하였던 때의 영광을 기억하는 것은 현실에 대한 반성을 가져옵니다. 성경은 이스라엘 백성들이 예루살렘으로 귀환하여 성전을 건축할 때의 광경을 이렇게 보도합니다. "제사장들과 레위 사람들과 나이 많은 족장들은 첫 성전을 보았으므로 이제 이 성전의 기초가 놓임을 보고 대성통곡하였으나 여러 사람은 기쁨으로 크게 함성을 지르니 백성이 크게 외치는 소리가 멀리 들리므로 즐거이 부르는 소리와 통곡하는 소리를 백성들이 분간하지 못하였더라"(스 3:12-13).

무슨 일이 일어난 것일까요? 당시 이들이 재건하고자 놓은 성전의 기초 공사는 솔로몬 성전의 규모를 훨씬 축소한 것이었습니다. 나이가 많은 노인들은 통곡하였습니다. 솔로몬 성전의 영광을 보았기에 재건될 성전이 얼마나 초라한지를 알았기 때문입니다.

신자의 존재와 선포의 사명

세상을 향한 신자의 진리 선포는 언어의 선포와 존재의 선포로 이루어집니다. 진리를 말로써 선포하는 것은 그리스도인의 사명입니다. 예수 그리스도의 십자가의 죽음에 대한 선포, 회개와 믿음을 촉구하는 선포는 항구적인 가치를 가지고 있습니다(행 20:21). 많은 사람들은 아직 이 복음을 듣지 못하였기에 믿을 수 없고, 믿지 못하기에 고백할 수 없습니다. 그리고 고백할 수 없기에 구원받지 못하고 있습니다(롬 10:14-15). 사도 바울이 때를 얻든지 못 얻든지 말씀을 전파하라고 했던 이유도 여기에 있습니다(딤후 4:2).

그러나 진리는 단지 말의 선포가 되어서는 안 됩니다. 언어로 선포한 복음이 힘을 발휘하기 위해서는 그것을 전파하는 신자의 존재로서의 선포가 있어야 합니다. 이것은 그 선포자의 사람됨이 불신자들과는 다름을 존재적으로 보여주는 것을 의미합니다(마 5:13-14). 사상과 삶의 방식이 자신들과는 근본적으로 다른 그리스도인들로부터 울려 퍼지는 장중한 존재의 울림은 언제나 그들에게는 낯선 것입니다. 하나님께서는 이 세상으로 하여금 그리스도인들을 향해 이러한 낯섦을 알게 하시려고 우리를 구원해 주셨습니다(마 7:29, 고후 2:15-16).

하지만 안타깝게도 오늘날 많은 그리스도인들은 하나님의 형상을 회복하여 이러한 존재의 울림을 세상에 들려주는 일에 관심이 없습니다. 그들은 구원을 말하지만, 그것은 죄에 대한 진실한 회개와 심오한 뉘우침을 동반하는 복음적인 구원이 아닙니다(고후 7:9-10).

언제부터인가 조국교회에서는 구원받은 사람이 하나님의 형상을 본받기 위해 회개와 성화의 삶을 살아야 한다는 사실조차 설교의 주제가 되지 못하고 있습니다. 구원을 받았다고는 하지만, 그 후에는 무엇을 위해 살아야 하는지를 모릅니다. 이렇게 구원에 대한 촉구조차 분명하지 않기에, 이단의 가르침에 유혹을 받는 교인들이 많은 것입니다.

구원의 의미는 어느 관점에서 바라보느냐에 따라 달라집니다. 그리스도인이 현세적인 입장에서 자신의 구원을 바라보면, 그것은 이미 이루어진 사건입니다. 그러나 그리스도인이 하나님의 나라에서 자신의 구원을 바라보면, 구원은 겨우 시작에 불과합니다(행 14:22). 따라서 구원을 받았어도 끊임없이 본성을 순결하게 하는 성화의 과정 속에서 견고한 사상과 지식으로 세워져 나가지 않는다면, 그는 하나님의 나라를 이 땅에 이루며 살아가는 그리스도인이 될 수 없습니다(딤후 4:10, 고전 3:15 참고).

형식적인 그리스도인에게는 존재의 울림이 없습니다. 존재의 울림은 한 그리스도인이 복음과 성경적 사상을 따라 살고 죽을 수 있는 전 존재적인 결단을 현재적으로 유지하는 가운데서만 가능합니다. 그러므로 무엇을 믿고, 어떻게 살 것인가에 대한 진지한 탐구와 결단이 없는 그리스도인에게서 이러한 울림을 기대할 수는 없습니다. 한 사람의 그리스도인이 하나님을 아는 지식 안에서 자신의 피를 찍어 한 자 한 자 글을 쓰듯 치열하게 하루하루를 삶의 공책에 채워 갈 때 비로소 존재의 울림을 들려줄 수 있습니다.

주기철(朱基徹, 1897-1944) 목사님은 우리에게 존재의 울림이 무엇인지 삶으로 보여준 인물입니다. 일제 강점기 때 갖은 협박과 회유, 차마 입에 담을 수 없는 지독한 고문으로 신사참배를 강요받았지만 목사님은 조금의 흔들림도 없는 삶으로써, 또 죽음도 그를 바꾸지 못한 순교로써 신앙을 지켜 냈습니다.[7]

사실 주기철 목사님이 어디에서 목회를 하였고, 어떤 일을 이루었는지 자세히 아는 사람은 많지 않습니다. 그러나 변절이 대중화된 시대에 그의 존재의 울림은 역사를 뛰어넘어 우리를 반성하게 합니다. '아, 내가 이렇게 교회에 출석하는 것만으로 신자로서의 할 도리를 다했다고 할 수 있을까? 이렇게 세상의 시류를 따라 타협하며 살면서도 내가 과연 목회자라고 할 수 있을까?'

반면 당시에는 한 시대의 권력의 줄을 타고 명성을 드날리던 기독교

교계의 유명한 인사들이 있었습니다. 그러나 그들은 어떤 존재의 울림도 들려주지 못하는 사람들이었습니다.

성경은 우리가 사회적으로 높은 지위에 오르고 많은 물질을 소유하고 남보다 뛰어난 재능을 갖는 것을 비난하지 않습니다. 오히려 빈부와 상관없이 공정하게 대하도록 가르칩니다(출 23:3, 레 19:15). 오히려 성경은 우리가 어떤 위치에서 무엇을 하며 살든지 존재의 울림으로 하나님의 나라를 선포하도록 부르고 있습니다.

그리고 이것이 바로 그리스도인들인 우리 모두를 향한 하나님의 부르심입니다(롬 1:6, 고전 1:21, 엡 4:1). 왜냐하면 여러분은 바로 이 목적을 위해 하나님께서 택하신 족속이기 때문입니다.

이 세대를 본받지 말라

성경은 여러 곳에서 그리스도인이 이 세상으로부터 구별된 사람이라고 말합니다(마 5:14, 요 8:12). 그리고 또한 구별된 사람으로 세상을 본받지 말고 살아갈 것을 기대합니다. "너희는 이 세대를 본받지 말고 오직 마음을 새롭게 함으로 변화를 받아 하나님의 선하시고 기뻐하시고 온전하신 뜻이 무엇인지 분별하도록 하라"(롬 12:2).

여기에서 '본받다.'라고 번역된 헬라어가 **쉬스케마티조**($\sigma\upsilon\sigma\chi\eta\mu\alpha\tau\acute{\iota}\zeta\omega$) 입니다. 이 단어는 '틀에 맞추어 찍어 내다.'라는 의미를 가지고 있습니다. 한 시대에 태어난 사람들은 모두 그 시대의 아들딸입니다. 그러나 그리스도인이 된다는 것은 세상과는 다른 사상, 다른 삶의 방식을 따르기로 고집한다는 것입니다.

그리스도인은 세상과는 다른 견해를 가지고 인생을 바라보는 사람들이 되었는데, 어떻게 예전과는 다른 새로운 삶의 방식을 따라 살지 않을 수 있겠습니까? 그들의 신앙이 참된 것이라면 말입니다. 그러면 오늘날 왜 조국교회의 많은 그리스도인들이 세상 사람들과 구별된 삶의 방식을 보여주지 못할까요? 우리가 어떻게 해야 세상과는 다른 사상을 가지고, 세상과는 다른 삶의 방식으로 살아갈 수 있을까요?

첫째로, 그리스도인으로서 남다른 사상의 체계를 갖추어야 합니다(히 3:1, 4:14, 10:23). 예수 그리스도를 깊이 만나는 것도 중요하지만, 그 복된 만남의 신학적 의미도 반드시 알아가야 합니다. 그래서 성경과 신학이 필요합니다. 성경을 통해 견고한 신앙에서 자라 가고, 신학을 통해 사상을 확고하게 해야 합니다.

그렇게 신앙이 견고한 지식의 기반 위에 세워질 때, 그리스도인은 완전히 새로운 세계관과 인생관을 갖게 됩니다. 그리스도인의 견고한 삶은 확고한 사상의 기반에서 나옵니다. 그리고 말씀과 성례, 기도와 같은 은혜의 수단에 참여하는 우리의 모든 열심 있는 순종은 바로 이러한 사상과 지식이 현재적으로 마음속에 역사하도록 만들어 줍니다.

예수 그리스도를 믿는 순간, 우리는 기독교 사상의 학교에 입학한 것입니다. 끊임없이 은혜와 지식 안에서 자라 가야 합니다(벧후 1:2, 3:18). 그러므로 아무리 구원받은 하나님의 자녀라 할지라도 하나님의 말씀 안에서 성숙해 가지 않으면 좋은 그리스도인이 될 수 없습니다.

둘째로, 그리스도인으로서 남다른 삶의 방식을 따라야 합니다(마 5:3-12 참고). 하나님의 사람 아우구스티누스(Aurelius Augustinus, 354-430)는 자신의 책 『보편 교회 교인의 생활 방식과 마니교인의 생활 방식』(*De Moribus Ecclesiae Catholicae et de Moribus Manichaeorum*)에서 두 부류의 사람들을 비교합니다.[8] 한 부류의 사람들은 모든 사상에 하나님이 없다고 하며 살아가는 사람들이며, 다른 부류의 사람들은 하나님을 믿음으로써 그 사랑 안에서 질서를 따라 사는 사람들입니다(시 10:4).

이처럼 삶의 방식은 그가 믿는 사상에 의해 결정됩니다. 그러나 만약 우리에게 참다운 삶의 방식이 없다면 우리는 우리의 사상을 이 세상을 향해 입증하지 못할 것입니다. 왜냐하면 세상 사람들에게는 우리 사상에 귀를 기울이는 것보다는 우리의 삶을 목격하는 것이 훨씬 쉬운 일이기 때문입니다(마 5:16, 요 10:25, 행 10:22).

한 사람의 삶의 방식은 그 사람이 무엇을 믿으며, 무엇을 추구하며, 무엇을 사랑하는지를 보여줍니다. 그리고 그렇게 삶의 방식을 통해 증명된 그 사람이 누구인지가 바로 한 사람의 존재적 선포입니다. 신자가 이 세상에 들려주어야 할 존재의 울림은 바로 이렇게 삶의 방식을 통하여 들리는 것입니다.

하나님의 은혜가 필요합니다

우리는 이미 그리스도인이 되었다고 하더라도 변함없이 은혜 아래 있어야 합니다. 우리가 이 세상의 사람들과는 구별되어 존재의 울림을 들려주기 위해서는 지속적으로 하나님의 은혜 아래 있어야 합니다. 왜냐하면 구원받은 신자 역시 수시로 이 세상의 유혹을 받기 때문입니다(엡 4:14, 22). 그래서 우리는 신자의 영적 침체를 가볍게 취급할 수 없습니다.

지속적으로 영적 침체에 빠져 있는 신자가 어떻게 기독교 사상을 따라 새로운 방식의 삶을 보여줄 수 있겠으며, 그러한 교회가 이 세상과 구별되는 특성들을 나타내 보여줄 수가 있겠습니까?

그러므로 우리는 단지 지식과 사상만이 아니라 그 지식과 사상 속에 역사하는 하나님의 충만한 은혜를 필요로 합니다. 그리고 그 은혜의 저자는 성령이십니다. 우리는 현재적인 하나님의 나라를 성령 안에서 누립니다(롬 14:17). 이러한 은혜가 우리 개인뿐만 아니라 하나님의 교회에 풍성하게 부어질 때 그리스도의 교회는 성결해질 것이고 이 세상과는 다른, 존재의 울림을 들려줄 수 있습니다(살전 1:8).

그리스도인으로서의 존재의 울림은 사랑과 깊이 결부되어 있습니다. 초대 교회 그리스도인이 그 시대 사람들과는 다른 방식의 삶을 살아갔던 것은 그들에게 그 시대 사람들과는 다른 사랑이 있었기 때문입니다. 당시 그리스도인들이 '하나님을 사랑하고 하나님의 사랑을 받는 사람들'이라고 불린 것도 이 때문이었습니다. 그리스도인으로서의 존재의 구별은 다름 아닌 하나님의 사랑으로 말미암는 구별입니다.

하나님께서는 당신의 자녀들에게 항상 그 사랑을 충만히 부어 주시길 바라십니다. 그리스도의 교회가 이런 신령하고 거룩한 사랑으로 충만해지기를 원하십니다. 그런데 왜 우리는 그리스도인으로서 구별된 존재로 살아가지 못할 때가 많을까요? 문제는 언제나 하나님 사랑의 모자람이 아닙니다. 우리의 이기심과 욕망이 하나님의 충만한 사랑을 온전히 누리지 못하게 하기 때문입니다(딤전 6:9).

그리스도의 몸인 교회가 모든 이기심을 버리고 순전한 사랑으로 하나가 되는 것은 오직 하나님의 은혜로써만 가능합니다. 그러나 우리는 하나님께서 힘을 주시기 전까지 아무것도 하지 않겠다고 말해서는 안 됩니다(약 2:14, 22). 왜냐하면 하나님께서는 우리와 함께 우리 안에서 일하시기 때문입니다. "너희 안에서 행하시는 이는 하나님이시니 자기의 기쁘신 뜻을 위하여 너희에게 소원을 두고 행하게 하시나니"(빌 2:13).

우리는 하나님의 택하신 족속입니다. 하나님께서는 우리를 새로운 존재로서 구별된 삶을 살게 하시고자 선택하셨습니다(벧전 2:9). 그리고 그 선택은 우리가 예수 그리스도 안에서 새로운 피조물이 됨으로써 실현되었습니다(고후 5:17). 그러니 우리는 이 사명에 충실하지 않고는 결코 진정한 행복을 누릴 수 없습니다.

이제 우리는 한편으로 하나님으로부터 오는 충만한 생명과 사랑 때문에 다른 존재가 되었습니다(고후 5:17). 우리에게 그것이 없었을 때와는 완전히 다른 삶을 살 수 있게 되었습니다(빌 4:13).

그러나 다른 한편으로 우리는 하나님께서 주시는 말씀에 대한 지속적인 깨달음과 그 말씀대로 살게 도우시는 성령의 끊임없는 은혜 주심이 없으면 아무것도 아닌 존재들입니다. 우리가 매 순간 그리스도인답게 살도록 하나님의 은혜를 간절히 구하지 않을 수 없는 이유가 바로 여기에 있습니다.

이스라엘 백성이 이방 나라와 하나님 사이에 제사장 나라가 되었듯이, 영적인 이스라엘인 그리스도의 교회는 이 세상과 하나님 사이에 중재자가 되었습니다. 그러므로 교회의 성도들은 함께 모여 그리스도를 의지하며 구원받지 못한 나라와 민족을 위해 기도해야 합니다. 많은 하늘의 신령한 자원과 이 땅의 자원을 사용하여 이 세상에 그리스도의 구원이 이루어지는 일에 헌신하여야 합니다.

2장

왕 같은 제사장

인간이라면 누구나 자신의 존재의 근원을 알고 싶어 합니다. 존재의 근원을 알아야만 이 세계와 자신이 어떠한 관계가 있는지 알 수 있기 때문입니다. '나는 누구인가? 나는 왜 사는가?' 이 질문에 대한 답이 바로 '그러면 나는 어떻게 살 것인가?'에 대한 답입니다.

인생을 숙고하는 사람이면 누구든지 자신의 존재와 세계와 자신의 관계에 대해 고민합니다. 이 고민의 답을 스스로 찾지 못하는 한 삶에는 안정성이 없습니다(시 73:1-16).

끊임없이 변화하는 세상 속에서 다양한 삶의 사태들을 만나면서도 인생의 불변하는 의미를 찾기 위해서는 자기 자신이 누구인지를 알아야 합니다. 가끔 이 세상에서의 즐거움과 일상적인 삶에 몰두하느라 그것을 잊어버릴 수는 있습니다(눅 12:20). 그러나 그 찰나의 열중이 지나면 이러한 고민들이 다시 고개를 들기 시작합니다.

그리스도인은 이미 그리스도의 복음을 듣고 하나님과 세계와 인간과의 관계망(關係網) 안에서 자신이 누구인지 알게 된 사람들입니다. 그러나 우리는 여전히 멈추지 않고 '그리스도인은 누구인가?' 하는 문제를 고찰해야 합니다. 왜냐하면 매일 부딪히는 현실적인 삶에 필요한 지혜의 상당 부분이 이러한 근원적인 고민에 대한 답을 기초로 주어지기 때문입니다.

본문에서 사도 베드로는 또 한 가지 그리스도인의 정체성에 대해서 말합니다.

두 가지 해석

둘째로, 왕 같은 제사장입니다. 우리말 성경에서 '왕 같은 제사장들'로 번역된 부분은 헬라어 성경에 바실레이온 히에라튜마(βασίλειον ἱεράτευμα)라고 나옵니다(벧전 2:9). 이 구절은 '왕의 제사장' 혹은 '왕과 같은 제사장'으로 해석될 수 있습니다.⁹

바실레이오스(βασίλειος)라는 형용사와 관련하여 두 가지 해석이 가능합니다. 첫째로는, 이 단어가 '왕과 관련된', '왕의'라는 의미를 지녔다는 것을 고려하면 바실레이온 히에라튜마는 '왕의 제사장' 혹은 '왕에게 속한 제사장'이라고 번역될 수 있습니다.¹⁰ 여기에서 '왕'이라는 표현은 하나님이나 예수 그리스도를 가리키고, 우리는 왕과 동일시될 수 없습니다. 둘째로는, 바실레이오스를 '왕과 같은' 혹은 '왕적인'이란 의미로 해석하는 것입니다. 그러면 '왕 같은 제사장들'이라는 의미가 됩니다. 그런 점에서 우리말 개역개정 성경에서 올바르게 번역되었다고 생각합니다.

루터의 발견

마르틴 루터(Martin Luther, 1483-1546)는 이 구절에서 종교개혁의 횃불을 높이 들게 했던 중요한 교리를 발견하기도 하였습니다. 이른바 '만인 제사장 교리'입니다. 종교개혁 이전에는 가톨릭교회의 사제들만이 제사장이라고 생각했지만, 신약성경의 가르침을 통해 구원받은 모든 신자들이 하나님 앞에 제사장이 되었다는 교리를 발견한 것입니다.

이것은 우리가 동일하게 율법을 지킴으로써나 다른 이들의 공로가 아니라 오직 그리스도를 믿음으로 말미암아 의롭게 되었다는 복음의 발견이었습니다(빌 3:9). 그래서 모든 신자는 누구의 공로나 중보 없이 오직 믿음으로써 그리스도 예수의 의를 힘입어 하나님 앞으로 나아갈 수 있게 되었다는 것입니다(히 4:16).[11]

그리스도인의 지위에 대한 마르틴 루터의 새로운 해석은 종교개혁 시대의 상황과 맞물려 성직자와 평신도 사이에 긴장감을 불러일으키기도 하였습니다. 하지만 루터가 만인 제사장 교리를 내세웠던 역사적인 배경은 따로 있었습니다.[12]

로마 가톨릭은 교회의 하나 됨을 말하였지만, 사실상 교회는 두 계급으로 나누어져 있었습니다. 1962년부터 1965년까지 열린 제2차 바티칸 공의회[13] 이전까지 계층 구조적 교회 개념이 가톨릭 신학을 지배해 왔습니다.[14] 하나의 계급은 가르치고 명령하는 교회이고, 또 하나의 계급은 가르침을 받고 순종하는 교회였습니다. 전자는 사제들로 이루어진 교회이고, 후자는 평신도들로 이루어진 교회였습니다.

교회에 대한 이러한 잘못된 해석은 결국 교회에 대한 이분법적이고 계급적인 이해를 가져왔습니다. 사제가 하는 일은 거룩하고 신령하며, 평신도들이 하고 있는 일은 세상적이고 육신적이라고 보는 이원론적인 견해를 유포시킨 것입니다. 사제는 평신도들보다 훨씬 하나님과 가까이 있는 거룩한 계급의 사람들로, 평신도들은 그 아래에 있는 낮은 계급의 사람들로 본 것입니다. 이러한 사상은 지금까지도 가톨릭의 교리에 남아 있습니다.

마르틴 루터는 이러한 가톨릭의 사제 개념을 새롭게 해석하였습니다. 곧 예수 그리스도께서 십자가에서 죽으심으로 하나님과 우리 사이에 있는 휘장이 위에서 아래로 찢어졌습니다(마 27:51). 이로써 모든 중보의 직을 취하셨기에 하나님과 우리 사이의 유일한 중보자는 오직 예수 그리스도뿐이시며, 따라서 우리는 제사장의 도움 없이 그리스도 한 분에 대한 신앙으로써 하나님 앞으로 나아갈 수 있다고 보았습니다.

그러나 당대와 후대에 어떤 사람들이 잘못 이해했던 것처럼, 마르틴 루터가 새롭게 발견한 만인 제사장의 교리는 교회 안의 직분을 두는 제도나 질서가 필요 없다는 의미가 아니었습니다.[15] 그는 말씀과 성례에 관한 한 모든 신자들은 성직자들과 동등한 유익을 누리고 있으며, 또한 누구의 공로도 힘입지 않고 오직 그리스도를 통해서 하나님께 직접 나아갈 수 있다고 본 것입니다.

제사장 나라의 은유

칼빈(John Calvin, 1509-1564)은 본문의 '왕 같은 제사장들'이라는 표현이 구약에 뿌리를 두고 있다고 보았습니다. 그것은 바로 '제사장의 나라'라는 표현입니다.[16]

성경은 이스라엘의 제사장 나라 됨에 대해 다음과 같이 말합니다. "너희가 내게 대하여 제사장 나라가 되며 거룩한 백성이 되리라 너는 이 말을 이스라엘 자손에게 전할지니라"(출 19:6).

칼빈은 구약에서 하나님께서 이스라엘 백성들을 제사장의 나라로 삼아 주실 것이라고 하신 이 약속은 구속의 역사를 따라 영적인 이스라엘인 신약의 교회에도 계승되고 있다고 보았습니다.[17] 따라서 '제사장 나라'라는 구약의 표현이 어떤 의미인지 파악하는 것은 '왕 같은 제사장들'이라는 표현의 의미를 이해하는 데 매우 중요합니다.

구약에 나타난 '제사장 나라'라는 표현은 크게 다음 세 가지 신학적 의미를 포함하고 있습니다.

하나님의 특별한 민족적 선택

첫째로, 하나님께서 이스라엘을 특별한 민족으로 선택하셨다는 것입니다(겔 20:5). 이것은 이스라엘이 이방인들에게 하나님의 나라를 보여주고 진리의 말씀을 전파해야 할 사명을 받은 민족으로 부름받았다는 사실을 보여줍니다.

하나님께서는 이스라엘의 섬김을 통해 온 세상이 하나님과의 거룩한 교제를 회복하게 되기를 바라며 이스라엘을 특별한 민족으로 선택하셨습니다. 하나님께서는 이스라엘을 통하여 이방인들이 하나님이 누구이신지를 깨닫기를 바라셨습니다.

신약의 교회는 바로 구약 시대의 이스라엘 백성에게 주신 이러한 사명을 계승하고 있습니다. 우리는 그리스도의 몸인 교회의 지체로서의 특별한 사명의 계승에 참여하도록 선택되었습니다(행 13:17).

하나님과 인간들 사이의 중재자

둘째로, 하나님께서는 이스라엘에게 중재자의 역할을 맡기셨습니다(겔 38:16). 이것은 구약 시대에 제사장의 역할이 무엇인지 생각해 보면 이해하기 쉽습니다.

인간은 하나님과 관계를 맺으며 살아가도록 창조되었습니다. 그러나 죄로 말미암아 하나님과의 관계는 끊어지고 말았습니다. 그로 인하여 모든 인간은 영적인 죽음에 이르게 되었습니다(롬 5:12). 인간이 자신의 어떠한 능력과 선함으로도 거룩하신 하나님과의 깨어진 관계를 회복할 수 없다는 것도 분명하였습니다(사 59:2).

그러나 인간의 타락함에도 불구하고 세계를 창조하고 인간을 만드신 하나님의 계획은 바뀌지 않았습니다. 그래서 하나님께서는 인간이 타락하자마자 중보자 메시아를 통한 구원을 약속하셨고, 더불어 그것을 전망할 수 있는 한 가지 은총을 허락해 주셨는데 그것이 바로 제사 제도였습니다(창 3:15, 4:26).

제사장의 주요 직무는 제사를 드리는 것이었고, 이로써 죄로 말미암아 불결해진 인간들이 거룩하신 하나님을 만나게 해주는 것이었습니다(레

4:3, 20). 이와 동일한 원리로 이스라엘은 이 세상의 모든 나라를 거룩하신 하나님과 만나게 해주는 제사장의 나라로 부름을 받았습니다(출 19:6).

그런데 구약 시대에 이스라엘이 제사장의 나라로 이방인들을 하나님께로 돌아오게 하는 중재자적 역할을 하였다면, 신약 시대에는 교회가 그리스도와 이방인들 사이의 중재자의 역할을 하고 있습니다(빌 3:10).

이러한 신학적인 고안은 예수 그리스도께서 성전을 정결케 하신 사건에도 잘 나타납니다. 예수 그리스도께서는 성전에서 장사하는 사람들을 내어 쫓으며 이렇게 말씀하셨습니다. "그들에게 이르시되 기록된 바 내 집은 기도하는 집이 되리라 하였거늘 너희는 강도의 소굴을 만들었도다"(눅 19:46).

이 말씀은 구약성경 이사야 56장 7절에 나오는 말씀을 인용한 것입니다. "내가 곧 그들을 나의 성산으로 인도하여 기도하는 내 집에서 그들을 기쁘게 할 것이며 그들의 번제와 희생을 나의 제단에서 기꺼이 받게 되리니 이는 내 집은 만민이 기도하는 집이라 일컬음이 될 것임이라."

이 이사야 56장 7절 하반절의 히브리어 본문을 직접 번역해 보면 이렇습니다. "왜냐하면 나의 집은 그 모든 백성들을 위한 기도의 집이라 일컬음을 받을 것이기 때문이다"(사 56:7).[18] 그 문맥은 이스라엘의 회복과 영적인 부흥의 축복을 예고하는 것이었습니다. 이스라엘이 하나님의 은총을 회복하고 정결한 나라가 될 때 성전은 거룩해질 것이며 잃어버렸던 사명을 회복하게 된다는 것이었습니다.

여기서 우리가 주목할 부분은 '모든 백성들을 위한 기도의 집'이라는 표현입니다. '모든 백성들'은 복수로서 이스라엘 백성들만을 가리키는 것이 아니었습니다. 다시 말해서 이스라엘을 향한 하나님의 은총과 영적 부흥을 누리는 그날에는 성전이 수없이 많은 민족들을 위해 하나님께 기도를 드리는 집이 될 것이라는 의미입니다. 이러한 예언은 국지적으로는 예루살렘 성전의 부흥을 바라보지만, 우주적으로는 신약의 교회가 정말 누리게 될 영적인 축복과 구원받아야 할 세상에 대한 사랑을 동시에 보여주는 것입니다.

이 일은 신약성경에서 여러 가지 방언으로 '하나님의 위대한 일'을 말할 때 이미 예고되었습니다(행 2:4, 11). 하나님의 나라가 이루어지기를 바라는 마음으로 살아가는 사람들은 애끓는 마음으로 모든 백성들을 위해 기도하지 않을 수 없습니다. 왜냐하면 그때에 교회는 하나님의 위대한 일, 곧 그리스도의 구원 소식이 온 세상 사람들에게 선포되고 그들이 이 복음의 빛으로 돌아오게 되기를 갈망할 것이기 때문입니다.

교회의 역사에서 참된 부흥이 일어나는 곳마다 이 세상 사람들의 구원을 위해 기도하는 교회가 있었습니다. 이는 하나님을 사랑하는 사람들이 구원받지 못한 가족과 이웃을 어떻게 섬겨야 할지를 보여줍니다. 그들은 마치 자신이 구원받지 못한 것처럼 눈물로 기도하였습니다.

진정한 의미에서 중보자는 예수 그리스도밖에 없습니다. 그러나 하나님께서는 교회의 중재적인 역할을 통해 복음을 전하고 하나님의 진리가 선포되며 그리스도가 어떤 분이신지를 알게 하셨습니다. 이러한 점에서 오늘날 교회를 통해 이 세상이 그리스도께 돌아온다는 것은 너무나 분명한 사실입니다(행 26:18 참고).

하나님께서 특별히 아끼시는 족속

셋째로, 이스라엘은 하나님께서 특별히 아끼시는 족속이라는 것입니다(신 4:37). 그래서 하나님께서는 이스라엘 백성들에게 다른 민족에게는 주시지 않은 남다른 선물을 주셨습니다. 그것은 이스라엘 백성에게 계시로 주어진 하나님을 아는 지식이었습니다(사 2:3, 미 4:2). 이것은 이스라엘에 베푸신 하나님의 특별한 은총이었습니다.

하나님을 아는 지식과 이스라엘의 정체성에 대해 성경은 다음과 같이 말합니다. "내 백성이 지식이 없으므로 망하는도다 네가 지식을 버렸으니 나도 너를 버려 내 제사장이 되지 못하게 할 것이요 네가 네 하나님의 율법을 잊었으니 나도 네 자녀들을 잊어버리리라"(호 4:6).

여기서 '지식'은 하나님을 아는 지식입니다. 우리는 하나님을 아는 지식이 이스라엘 백성들로 하여금 제사장의 나라로서 다른 모든 나라들과 그들을 구별 짓는 핵심이라는 사실을 알게 됩니다.

하나님을 아는 지식은 단순한 정보로서의 지식이 아닙니다.[19] 그것은 곧 이스라엘 백성이 하나님께로부터 받은 사랑이었습니다. 이러한 사랑에 일치된 지식으로써 이스라엘 백성들은 율법을 따라 살아갈 수 있었습니다. 다른 민족에게서 볼 수 없는 독특한 삶의 양식과 그들과 구별되는 높은 도덕적 기준이 그로부터 나왔던 것입니다(레 19:2).

구속사적으로 신약의 교회는 제사장 나라로서의 이스라엘의 사명을 계승하고 있습니다. 그러므로 진리의 절대성을 부인하는 포스트모더니즘 시대를 살아가는 현대인들에게 교회는 하나님을 아는 지식의 탁월성을 삶으로 입증해 보여주어야 합니다(행 22:14). 하나님과 절대 가치를 부인하는 시대의 흐름을 거슬러 하나님을 아는 지식, 곧 신약 시대에 그리스도를 아는 지식으로 전환된 지식으로써 세상과 구별되어야 합니다(요 17:3, 빌 3:8, 벧후 3:18).

그리스도인들이 아무리 세상과 소통을 원활하게 잘 할지라도 거룩함이 없다면 세상에 올바른 영향을 끼칠 수 없습니다. 우리에게 그리스도를 아는 지식이 없다면 세상과 소통하는 교회의 역할은 진리를 전하는 창구가 아니라 세상을 받아들이는 통로가 되고 말 것입니다.

신자의 거룩함은 구원을 통해 세상과 구별됨으로써 하나님의 위엄 앞에서 떨리는 두려움과 이끌리는 사랑으로 충만해지는 것입니다(사 6:5, 시 26:8). 이로써 신자는 하나님과 이웃을 사랑하며 그리스도인답게 살아갈 수 있습니다. 그러므로 우리는 하나님을 향한 불타는 사랑과 매일 공급받는 은혜의 힘으로 하나님을 아는 지식을 따라 살아가야 합니다. 그렇지 않으면 이 세상에서 구별된 사람으로서 살 수 없기 때문입니다(고전 15:10).

하나님의 자녀들이 이 세상에 보여주어야 할 것은 하나님의 통치 아래서 진리와 함께 기뻐하는 삶입니다(빌 1:18, 3:1). 경건의 핵심은 하나님을 아는 것입니다(요 17:3). 또 삶과 인격으로써 세상 사람들로 하여금 그리스도를 알게 하는 것입니다(고후 2:14).

그것은 온 땅과 만물 위에 높고 위대하신 그분의 존재 앞에서 떨리는 두려움과 모든 죄인들을 자비롭게 대하시는 그분의 성품 앞에서 이끌리는 사랑을 느끼는 것입니다(요 2:15, 히 12:21). 이것은 필연적으로 지식을 동반합니다. 그래서 클레르보의 베르나르(Bernard de Clairvaux, 1090-1153)는 말했습니다. "사랑 그 자체는 앎이다"(*Amor ipse notitia est*).[20] 생티에리의 기욤(Guillaume de Saint-Thierry, 1085경-1148)은 한걸음 더 나아가 이렇게 단언하였습니다. "사랑은 지성 자체이다"(*Amor ipse intellectus est*).[21]

하나님은 어떤 의미에서도 순수한 사변으로써 알 수 있는 분이 아닙니다. 그분에 대한 앎은 반드시 사랑을 동반한다는 뜻입니다. 하나님을 인식하는 지성의 기능 자체가 사랑입니다. 그러므로 지식과 사랑은 결코 분리되지 않으며, 우리가 하나님을 안다는 것은 곧 하나님을 사랑한다는 것입니다. 마찬가지로 하나님께서 우리를 아신다는 것은 곧 그 지식 안에서 우리를 사랑하신다는 뜻입니다(출 33:12, 요 10:14).

하나님을 향한 '떨리는 두려움과 이끌리는 사랑'이 경건입니다.[22] 따라서 경건은 단지 삶의 모양이 아니라 세상 사람들을 하나님께로 돌아오게 만드는 실제적인 능력입니다.

이것은 세상 속에서, 그리스도의 교회의 존재의 울림입니다. 만약 교회에 이러한 울림이 없다면 그리스도인이라고 할지라도 진리보다 세속적 시류에 더 끌리게 될 것입니다. 그러면 세상이 교회를 본받는 대신 교회가 세상을 본받는 일이 일어나게 됩니다.

최근 네덜란드를 방문했을 때의 일이었습니다. 네덜란드 태생으로서 오랫동안 선교사로 괄목할 활동을 하다가 은퇴한 오픈도어선교회(Open Doors)의 요한 콤파넨(Johan Companjen) 선교사를 만났습니다. 그분으로부터 이런 질문을 받았습니다. "이토록 놀라운 개혁교회의 유산을 받은 우리나라가 자유주의에 물들게 된 이유는 무엇입니까? 다시 한 번 개혁교회가 영향력을 회복하는 길이 무엇이겠습니까?"

그때 저는 그분에게 이렇게 답하였습니다. "어떤 사람들은 유럽 교회가 자유주의화된 것이 계몽주의 때문이라고 말합니다. 그러나 근본적으로는 교회의 영적인 약화 때문입니다. 계몽주의가 전통적인 신앙을 훼손한 것은 사실이지만, 계몽주의 이전에 이미 세상의 사상적 공격을 감당할 수 없을 정도로 영적으로 약해진 교회가 있었습니다."

그리고 다음과 같이 덧붙였습니다. "네덜란드를 비롯하여 유럽의 교회가 다시 옛날의 영향력을 회복하고 새롭게 태어나는 비결은 하나님의 거룩한 부흥입니다. 부흥은 교회로 하여금 영적 능력을 회복하게 하고 과거의 찬란한 신학적 유산들의 가치를 따라 살게 할 것입니다."

신약의 왕 같은 제사장들

이스라엘 백성들이 이방 나라와 하나님 사이에 제사장 나라가 되었듯이, 영적인 이스라엘인 그리스도의 교회는 이 세상과 하나님 사이에 중재자가 되었습니다(마 18:18). 그러므로 신약의 교회의 성도들은 함께 모여 그리스도를 의지하며 구원받지 못한 나라와 민족들을 위해 간절히 기도하여야 합니다(마 5:44, 눅 6:28). 자신들에게 주신 많은 하늘의 신령한 자원과 이 땅의 자원들을 사용하여 이 세상에 그리스도의 구원이 이루어지는 일에 헌신하여야 합니다.

그리스도인은 제사장인데, 왕과 같은 제사장입니다(벧전 2:9). 이것은 그리스도인이 하나님과 그리스도와 동등한 왕의 지위를 누린다는 뜻이 아닙니다.

궁극적인 의미에서 이 세상에서 왕은 그리스도밖에 없습니다. 그러나 마지막 날에 이방인들에 대하여 하나님의 통치와 심판이 시작될 때, 그리스도인들도 어느 정도 이 통치와 심판에 있어서 하나님께서 맛보시는 승리의 기쁨들을 함께 맛보게 될 것입니다(마 19:28, 고전 6:3).

또한 하나님을 거스르던 민족과 나라들이 하나님께 복종하게 된다는 것은 그들이 교회를 구성하고 있는 우리의 발아래 굴복하게 되는 것도 포함합니다(롬 16:20, 고전 15:25). 성경 본문이 그리스도인들을 '왕 같은 제사장들'이라고 말하는 바가 바로 이런 의미입니다.

우리는 '왕 같은 제사장'이라는 표현을 통해 크게 다음 세 가지의 중요한 신학적 사실을 깨닫게 됩니다.

하나님이 우주 만물의 왕이심

첫째로, 하나님이 만물 위에 뛰어난 통치주이시라는 사실입니다(고전 15:24). 하나님은 이 모든 세계를 창조하셨을 뿐만 아니라 다스리시는 통치주이십니다. 그리고 그리스도는 궁극적으로 그분의 우주적 통치를 완성할 도구인 교회의 유일한 머리이십니다(엡 1:22).

왕국은 왕을 중심으로 모든 질서들이 세워진 나라입니다. 만약 우리가 하나님의 왕국에서 하나님을 진심으로 사랑하고 그분께 순종하는 백성들이라면 우리의 소원은 무엇이겠습니까? 왕이 가지고 있는 선한 통치 이념이 나라 구석구석에까지 실현되는 것이 아니겠습니까? 모든 백성들이 거기에 복종하고 그 통치 아래서 행복을 누리는 것이 아니고 무엇이겠습니까? 그리고 이러한 왕의 통치가 다른 나라에까지 확장되는 것이 아니고 또 무엇이겠습니까?

하나님의 자녀들은 이 세상에서 하나님의 경륜이 이루어지기를 바라는 사람들입니다(마 6:10, 엡 3:2, 9). 그리고 그리스도 예수의 십자가로 말미암아 구원을 받은 감격은 바로 그 경륜을 따라 살게 하는 동기입니다. 모든 사람들이 그리스도께로 돌아와 하나님의 사랑을 알고 그 진리 안에서 살아가는 세상이 되는 것이야말로 그리스도인의 대치할 수 없는 소명입니다(롬 1:5, 13, 3:29).

그러므로 그리스도인은 단순히 주일에 교회에 나와 하나님께 예배하는 것만으로 만족할 수는 없습니다. 그것만으로 만족한다면 그 사람은 진정한 의미의 그리스도인일 수가 없습니다.

그리스도를 통한 하나님의 통치는 우리의 마음속에 기쁨과 소망을 가져다 주었습니다. 그리고 우리는 그러한 하나님의 통치와 영광이 온 세상에 실현되기를 갈망하며 먼저 그 일들이 교회 안에서 온전히 이루어지기를 원합니다.

이것이 바로 믿음이 연약한 사람들을 위해 모든 성도들이 말씀으로 헌신하는 이유입니다. 또한 우리가 아직 회심하지 못한 형식적인 그리스도인들을 위해서 눈물로 기도하는 이유입니다(딤전 2:1, 히 12:12).

우리는 교회를 넘어서 이 세상을 바라보아야 합니다. 아직까지 하나님을 모르기 때문에 모든 사상에 하나님이 없다고 생각하며 살아가는 사람들이 있습니다(시 10:4). 진리를 떠나 자유로운 삶을 살고 있지만 여전히 곤고하게 살아가는 수많은 사람들을 기억해야 합니다(롬 2:9, 7:24).

하나님 없는 저들의 행복이 결국 불행의 지름길이라는 사실을 우리는 이미 알고 있습니다. 그들이 맛보지 못한 진리를 맛보았고 그들이 알지 못하는 하나님의 나라의 행복을 알기 때문입니다(벧전 2:3).

그래서 우리는 이 참된 행복을 그들도 누리기를 간절히 바랍니다. 그리고 그리스도께서 우리를 위해 모든 것을 희생하셨던 것처럼, 우리도 그 사랑을 힘입어 모든 것을 희생하며 살고자 합니다(롬 14:8, 고후 5:16). 이것이 하나님의 사랑에 감화를 받은 그리스도의 교회의 지체가 된 표지입니다.

신자로서의 존재의 울림은 바로 이렇게 사명을 따라가는 삶과 인격 속에서 울려 퍼집니다. 이것은 어떤 행사나 거대한 구호를 통해서 이루어지지 않습니다. 각 사람이 십자가의 은혜와 구원의 비밀을 알아감으로써 삶의 가치관과 인생관이 변화될 때, 비로소 신자로서의 존재의 울림을 가질 수 있습니다.

교회, 하나님을 위한 봉사의 공동체

둘째로, 교회가 왕이신 하나님을 섬기는 봉사의 공동체라는 사실입니다(엡 3:10, 골 1:25 참고). 교회는 그리스도를 왕으로 고백하는 공동체이어야 합니다. 교회가 그분의 뜻이라면 무엇이든지 복종하고자 하는 사람들의 공동체가 되기 위해서는 지체들이 하나님을 사랑하는 사람들이어야 합니다.

그러나 현실적으로 모든 교회가 이러한 상태에 있는 것은 아닙니다. 따라서 신자 각 사람이 진실하고 온전한 신자가 되어야 합니다. 그리고 그들 각자가 현재적으로 그 십자가의 은혜를 누리고 있어야 합니다.

교회가 섬겨야 할 대상은 크게 하나님, 세상 그리고 교회 자신입니다. 첫째로는 교회는 하나님을 섬깁니다(시 99:5, 요 4:23). 교회의 하나님에 대한 섬김은 구체적으로 예배를 통해서 나타납니다. 우리는 공적인 예배 속에서 하나님과 자신의 관계를 상기하게 됩니다. 마음을 다하여 드리는 예배를 통하여 하나님은 온 땅과 하늘 위에 높으신 절대자이시며, 자신은 피조물에 불과하다는 사실을 깨닫게 됩니다.

둘째로는 교회는 세상을 섬깁니다(마 5:13-14). 교회의 세상 섬김은 영혼을 구원하는 것과 이 세상에서 정의와 사랑이 실현되도록 이바지하는 것을 통해 나타납니다.

교회는 무지한 사람들에게 복음과 진리의 빛을 전파하도록 선교사를 파송합니다. 사회에 올바른 가치관을 따라 정의가 이루어지도록 헌신합니다. 세상 모든 사람들이 종교와 문화, 인종의 차별 없이 하나님의 형상을 가진 사람들로 대우받도록 힘씁니다.

교회는 그리스도의 복음을 전파할 뿐만 아니라, 이 세상에 하나님을 믿는 사람들이든지 그렇지 않은 사람들이든지 모두 하나님께 영광을 돌리고 주님께서 이 세계에 주신 뜻에 부합하며 살도록 일반은총의 차원에서도 그들을 돕습니다.

셋째로는 교회는 교회 자신을 섬깁니다(엡 4:11-12). 이는 교회를 더욱 온전하게 하기 위한 봉사입니다. 그리스도의 교회의 공동체는 서로를 하나님의 말씀으로 섬기고 하나님께서 정하신 질서 아래 믿음 생활하도록 서로 봉사하여야 합니다. 이는 교회 자신이 온전한 모습으로 하나님 앞에 나타나게 하기 위함입니다.

이 일을 위하여 그리스도의 교회는 하나님의 사랑과 지식을 필요로 합니다(빌 1:9). 교회는 자신의 지체들을 온전한 신자가 되도록 전심으로 섬겨야 합니다. 이를 위하여 그들이 진정으로 영혼의 변화를 경험하고, 진리의 풍부한 빛과 현재적인 은혜 아래서 순종하며 살아가도록 도와야 합니다.

신자를 통해 세상이 구원받게 하심

셋째로, 하나님께서는 신자를 통해 이 세상이 구원받게 하신다는 사실입니다. 이것은 또한 예수 그리스도께서 이 세상에 오신 목적이기도 합니다(눅 19:10, 행 1:8, 롬 1:14). 하나님은 전능한 분이시기 때문에 홀로 감당하시기에 어려운 일이 없습니다. 그러나 하나님께서는 당신의 구원의 경륜을 이루실 때 신자들이 함께 참여하기를 기뻐하셨습니다. 이것은 이스라엘 백성들의 구원사적인 지위를 보아서도 알 수 있습니다.

하나님께서는 모든 나라의 백성들을 사랑하셨지만 그 위대한 일을 구원의 경륜을 펼침에 있어서는 이스라엘이라는 한 민족과 나라를 택하셨습니다. 그래서 이스라엘 선지자는 하나님의 율법이 시온에서 나오고 여호와의 말씀이 예루살렘에서 나온다고 노래하였습니다(미 4:2).

구약 시대에는 왕과 제사장을 겸직할 수 없었습니다. 사울 왕은 제사장 직을 넘보다가 하나님의 심판을 받았습니다(삼상 13:13). 그러나 겸하여 맡을 수 없는 직분들이 신약 시대에 와서 예수 그리스도 안에서 하나가 되었습니다(히 3:1). 왕과 제사장뿐 아니라 선지자 직까지도 그분의 한 인격 안으로 통합되었습니다(행 3:20-24). 그리고 그리스도께 접붙여진 우리는 그리스도에게 주어졌던 것 같은 무한한 방식이 아닌 적용적 방식으로 그분의 삼직(三職)에 참여합니다.

다시 말해서 완전한 왕이신 그리스도께 접붙여짐으로 우리는 어느 정도 이 세상을 판단하고 또 심판하는 일에 참여하게 됩니다(고전 6:2-3). 또한 완전한 제사장이신 그리스도께 접붙여짐으로써 우리는 그분의 제사장 직에 적용적으로 참여합니다. 오직 그리스도만이 하나님과 우리 사이의 완전한 중보자가 되시며 죄를 사하는 능력이 있으시지만, 하나님을 알지 못하는 사람들을 그리스도께로 인도하는 섬김으로써 우리는 그 직임을 적용적으로 승계하고 있습니다(벧전 2:9).

또한 선지자이신 그리스도께 접붙여짐으로써 우리는 그분의 선지자 직에 적용적으로 참여합니다(고전 2:12, 15:1, 골 1:29). 그리스도께서 말씀으로 무지한 백성들을 가르쳐 그들을 하나님의 뜻으로 돌아오게 하셨던 것처럼, 우리도 그분께로부터 수여받은 복음의 대위임령을 따라서 사명을 감당함으로 많은 백성들을 복음의 빛 가운데로 돌아오게 합니다(행 14:15, 26:18).

결국 그리스도인들은 이 세상 사람들이 하나님과 세계와 인간에 대하여 제대로 알 수 있는 유일한 지식의 통로입니다. 그리스도인들이 말과 삶으로써 성경 진리를 보여주는 한에 있어서 말입니다. 하나님께서는 당신을 아는 지식을 세 저장고에 두셨습니다. 성경과 목회 사역, 그리고 신자의 마음입니다. 성경이 원천적 보고라면 목회 사역과 신자의 마음은 거기서 발견한 지식을 풍성하게 하고 적용하는 저장고입니다.[23]

하나님을 아는 지식은 하나님의 계시인 성경을 통해서 우리에게 주어졌습니다. 교회의 사명은 이 계시에 대한 지식을 풍성히 함으로써 그 지식을 순수하게 보존하고, 또 그 지식을 전파함으로써 이 세상을 하나님께 돌아오게 하는 것입니다. 교회가 잃어버린 이 세상의 민족들을 향한 뜨거운 사랑을 가지고 그들의 회심을 위해 기도하여야 하는 것도 바로 이 때문입니다.

당시 로마의 대대적인 박해 속에서 두려워하는 그리스도의 교회 공동체에 대해 사도 베드로는 분명히 말합니다. "너희 속에 있는 소망에 관한 이유를 묻는 자에게는 대답할 것을 항상 준비하되"(벧전 3:15).

당시 그리스도인들은 누군가가 왜 그들이 그런 소망을 갖게 되었는지 질문할 때 대답할 말을 마음에 품고 살아야 했습니다. 그들은 자신들이 믿는 복음을 전파할 뿐 아니라 그것을 변증해야 했습니다. 그 일을 위해서는 진리와 사상의 체계를 습득해야 했습니다. 다시 말해서 그들이 믿고 소망하는 바가 자신의 지성 속에서 논리화되어 있어야 했습니다.

여기서 우리는 신자의 존재의 울림은 다음 두 가지 요소를 내포한다는 사실을 알 수 있습니다. (1) 윤리적인 삶. (2) 체계적인 사상.

신자의 탁월한 지위

신자는 그리스도 안에서 영광스러운 지위를 부여받았습니다(롬 8:16-17, 11:13, 엡 1:8). 구원받은 그리스도인은 세상이 이해할 수 없는 탁월한 신분을 부여받고 이 세계를 향한 하나님의 위대한 구원의 경륜의 성취에 이바지하게 됩니다. 그것은 천사도 살펴보기를 흠모할 만한 값진 것이었습니다(벧전 1:12).

그리스도인은 자신의 모든 삶을 이러한 하나님의 위대한 경륜과의 연관 속에서 바라보아야 합니다. 이 하나님의 경륜은 너무 위대해 보여서, 실제 우리의 아주 사소한 삶과 별 상관이 없는 것처럼 보입니다. 그러나 그렇지 않습니다.

아내와 남편이 가정을 바르게 세우는 일, 교회에서 지체들과 올바른 관계를 맺는 것, 직장에서 정직하게 일하고 이웃 사람들과 함께 평화롭게 살아가는 삶은 하나님의 위대한 경륜을 이루는 데 이바지합니다(골 3:18-4:1, 벧전 3:1-7). 모든 일상적인 삶들이 우리가 이 세상에 살면서 하나님의 자녀로 부름을 받은 공동체임을 보여줄 수 있는 기회인 것입니다.

존재의 울림은 우리가 다른 사람들과 함께하는 삶을 통해 울려 퍼집니다. 그것은 아무도 없는 허공에서 울리는 천둥소리가 아닙니다.

물론 수세기에 한 명이나 나올 법한 소수의 인물들이 이 세상에 들려준 그 위대한 울림과 우리 같이 평범한 사람의 울림이 같지는 않을 것입니다. 그러나 그것은 하나님께서 어떤 사람들은 웅장하고 큰 방식으로, 어떤 사람들은 그보다는 작고 일상적인 방식으로 쓰시는 차이입니다. 그 모든 울림이 크기는 달라도 같은 종류의 울림으로 울려 퍼질 때 이 세상 나라가 하나님께로 돌아옵니다. 그것은 질의 차이가 아니라 크기의 차이일 뿐입니다(딤후 2:20).

예수 그리스도의 생애를 생각해 보십시오. 그분은 세상의 뛰어난 권세를 가진 정치가도 아니셨습니다. 이 세상에서 많은 사람들에게 주목을 받는 종교 지도자도 아니셨습니다. 사람들은 그분을 기껏해야 랍비나 선지자로 여겼습니다(요 1:38, 49, 4:19). 그러나 그분의 삶 전체는 존재의 울림의 연속이었습니다(마 7:28-29, 막 1:22).

물론 우리는 이미 알고 있습니다. 예수 그리스도께서 보여주신 존재의 울림은 모든 사람들에게 환영을 받지는 않았습니다. 심지어 예수님의 울림을 들은 유대 종교 지도자들은 그분을 죽이고자 하였습니다(요 5:18). 그러나 아무도 그분을 무시할 수는 없었습니다.

그리스도께서 벳새다에서 떡과 물고기로 오천 명이 넘는 사람들을 먹이셨던 일을 떠올려 보십시오(요 6:11). 많은 사람들에게는 그 기적이 울림이 되었습니다. 그러나 그러한 울림을 들은 어떤 사람들이 기껏해야 생각한 것은 예수님을 임금 삼아서 로마로부터의 해방을 꿈꾸는 것이었습니다(요 6:15, 26).

그러나 믿음을 가진 사람들은 다른 것들을 보고 들었습니다. 먼 길을 따라와 허기지고 힘이 없는 사람들을 불쌍히 여기시는 예수님의 마음을 보았던 것입니다. 그들은 팔복산에서도 그분의 인격 안에서 흘러나오는 동일한 존재의 울림을 들었습니다(마 5:1, 7:28). 그때는 떡과 물고기를 먹는 눈에 보이는 기적도 일어나지 않았는데도 말입니다.

예수 그리스도로부터 존재의 울림을 들은 모든 이들이 회개하고 돌이킨 것은 아니었습니다(마 12:14). 사도 베드로가 핍박받고 있는 교회에 편지를 썼을 때에도 이미 신앙의 박해 때문에 변절자가 속출하고 있었을 것입니다.

세상과 하나님의 나라 사이에서 어중간한 태도로 살아가는 한 우리에게는 존재의 울림이 없습니다. 어떤 사람들은 그러한 어중간한 삶이 무난하게 사는 요령이라고 생각합니다. 그러나 그것은 우리를 구원해 자녀로 삼아 주신 하나님의 뜻이 아닐 뿐더러, 끝내는 부끄러움을 당하는 길입니다.

맛을 잃어버린 소금의 결국이 무엇이겠습니까? 길가에 버려져 사람들에게 밟히는 것이 아닙니까?(마 5:13)

하나님께서 우리를 구원해 주신 것은 단지 세상의 행복을 누리게 하심이 아닙니다. 하나님께서는 하늘의 행복을 주시기 위해서 우리를 구원하셨습니다(히 3:1, 12:22). 그 행복을 누리려면 우리는 이 세상에서 빛과 소금으로 나타나야 합니다.

만약 누군가가 이 세상으로부터 받는 박해에 대한 두려움이나 혹은 세상에서 잃어버릴 것들에 대한 아쉬움 때문에 어중간한 신자의 삶을 원한다면, 그는 세상으로부터도 버림을 받고 하나님의 나라로부터도 버림을 받게 될 것입니다. 그는 하나님 앞에서도 행복하지 않을 것이고 이 세상 속에서도 행복하지 않을 것입니다.

그러니 박해를 받을지라도 빛과 소금이 되는 삶을 사는 그리스도인이 참으로 행복한 사람입니다(마 5:10-11).

승리의 확신

우리는 종종 이 세상에서 커다란 시련을 당하기도 합니다. 믿음을 가지고 있다고는 하지만 어린아이와 같습니다. 그리고 이 세상의 현실은 삼킬 듯이 밀려오는 쓰나미처럼 느껴지기도 합니다. 그리스도인으로서 이 세상에 저항하며 사는 것이 마치 거친 파도 앞에서 모래성을 쌓는 것처럼 소용없는 일같이 여겨지기도 합니다.

우리는 이러한 현실을 이상하게 생각해서는 안 됩니다. 만약에 항상 진리가 이기고 진리를 따라 사는 사람들이 언제나 이 세상에서 대우받는다면 이미 완전한 구원이 실현된 것이 아닙니까? 진리의 가치는 진리를 따라 사는 데 있습니다. 진리의 깃발은 주님을 경외하는 자들을 통해서 펄럭입니다(시 60:4).

우리는 현실을 비관해서도 안 됩니다. 비록 잠시 진리가 패배하는 것 같다고 할지라도 결국 패배한 진리는 승리한 거짓보다 위대하다는 확신을 가져야 합니다. 거짓을 따라서 승승장구하는 것은 진리를 따라 수치를 당하는 것보다 부끄러운 일입니다.

성경에는 죽음을 각오하고 하나님을 섬겼던 허다한 믿음의 사람들이 있습니다(히 12:1). 그것은 그들이 발견한 하늘나라의 가치가 너무나 높고 고귀하기 때문이었습니다(히 11:6). 잠시 고난 가운데 눈물을 흘릴지라도 우리는 좌절하지 않고 승리를 확신해야 합니다(빌 3:18-21). 왜냐하면 진리는 궁극적으로 승리할 것이기 때문입니다. 그리고 우리가 그 진리 편에 서 있는 한, 하나님께서 우리와 함께하실 것이기 때문입니다.

예전에 우리는 죄로 말미암아 하나님으로부터 소외되고, 사람으로부터 떨어져 외롭던 사람들이었습니다. 참 자아로부터는 더욱 낯섦을 느끼던 사람들이었습니다. 주님을 모르고 이 세상에서 방황하며 살던 사람들입니다. 그러나 이제 우리는 주님의 참된 사랑과 위로를 누리며 살 수 있습니다.

그리고 때로는 복음 때문에 박해를 당할지라도 이 세상이 하나님보다 크지 않다는 사실을 분명히 압니다. 잠시 악이 승리하는 것 같지만 선이 이길 것이라는 사실을 믿습니다. 그래서 번성하는 악인들은 들판 위에 베인 풀처럼 잠시 있다 사라지나 우리는 그리스도와 함께 영원히 번성할 것을 굳게 믿습니다(시 37:2, 90:6).

그러므로 이 세상을 사는 동안 직면해야 하는 불신앙의 세계에서 임하는 영적인 전투를 두려워하지 마십시오. 이 전투는 혈과 육에 속한 것이 아닙니다(엡 6:12). 우리의 육체의 힘이나 세상의 자원으로 이길 수 있는 전투가 아닙니다. 오로지 이 전투의 승리는 우리와 함께하시는 하나님의 능력에 달려 있습니다(고후 6:7, 엡 3:16, 6:10). 성령의 능력이 복음과 함께할 때 우리는 어떠한 환경 속에서도 승리할 수 있습니다.

이 영적인 전투에서 승리를 확신하며 우리는 하나님의 영광을 위해 헌신하며 살아야 합니다. 그리스도께서 사명을 완수하기 위해 자신을 모두 소진하셨던 것처럼 우리도 그렇게 헌신하며 살아야 합니다(히 5:7). 이를 위해서 먼저 예수 그리스도와의 깊은 만남이 필요합니다. 또한 하나님께서 알려 주신 지식과 은혜의 세계에 대한 현재적인 체험이 필요합니다.

우리는 신앙생활을 하면서 날마다 복음의 능력을 경험하기를 하나님께 간구해야 합니다. 그렇게 함으로써 우리의 현재적인 삶 속에서 복음으로 말미암는 존재의 울림을 들려줄 수 있을 것이기 때문입니다.

우리가 어디에 있든지 존재의 울림을 들려줄 수 있다면 얼마나 좋을까요? 우리는 우리에게 주어진 오늘을 살 뿐이지만, 그렇게 살아가는 우리의 삶은 이 세상에 이렇게 외칠 것입니다. "하나님께서는 살아 계시며 우리 인간들은 하나님의 형상으로 창조되었고 그리스도께서 우리의 죄를 위해 대신 죽으셨습니다. 그분을 앎으로써 진정한 행복에 이를 수 있습니다."

우리가 당장 이 존재의 울림을 지구 반대편에 들려줄 수 없을지도 모릅니다. 그러나 내 옆에 있는 사랑하는 가족들과 교회의 지체들, 내 주위에 있는 이웃들에게는 들려줄 수 있지 않겠습니까?

불행한 삶을 이어가는 사람들에게 참 행복을 보여주는 사람들이 되십시오. 무엇도 확신할 수 없는 불안 속에 살아가는 현대인들에게 진리에 대한 불타는 확신을 보여주십시오. 그리고 하나님을 경외하며 살아가는 삶이 하나님을 멸시하는 삶보다 얼마나 행복한지를 보여주십시오.

이것이 바로 여러분이 이 세상을 향해 들려주어야 할 존재의 울림입니다.

신자가 이 세상에 들려주는 존재의 울림은 하나님의 거룩한 성품에 영향을 받은 결과입니다. 신자는 온 땅과 만물 위에 높고 뛰어나신 하나님 앞에서 겸손을 배움으로써 존재의 울림을 들려줄 수 있는 사람이 됩니다. 도덕적으로 완전하신 하나님 앞에서 자기가 죄인임을 고백함으로써 존재의 울림이 있는 삶을 살게 됩니다.

3장

거룩한 나라

기독교 신앙을 갖는다는 것은 하나님 없이 살 때 가졌던 자기의 가치관과 인생관에 단지 하나님과 그리스도에 관한 신앙고백만을 추가한 것이 아닙니다. 그 고백은 우리의 인생과 삶에 대한 견해를 흔들고 행복에 관한 생각을 바꾸어 놓는 전 존재적인 고백이어야 합니다.

오늘날 세계 곳곳에서 번영주의를 부르짖는 교회를 만납니다. 그러나 그렇게 행복을 추구하는 교회일수록 그 안에 신자들은 오히려 헝클어진 삶을 삽니다. 그 이유는 바로 그리스도의 복음과 하나님의 말씀에 의해서 지식과 사상이 정리되지 않았기 때문입니다.

어쩌면 그들은 그러할 필요성조차 느끼지 못한 채 영적으로 깊은 잠에 빠져 있는지도 모릅니다(엡 5:14 참고). 그러나 온전하지 않은 사상은 혼란스러운 생각과 이율배반적인 실천들을 낳습니다. 무엇보다도 거기에는 순수하고 참된 경건이 없습니다.

신자의 삶은 신앙의 원리를 따라 영위되어야 합니다. 그것들은 성경에 제시되어 있고 복음을 통해 나타납니다. 그 원리를 따라 믿음의 도리를 굳게 붙들고 살지 않으면 그 누구도 그리스도인다운 삶을 살 수가 없습니다(히 4:14, 10:23). 신자의 삶은 그 원리 안에서 가장 아름다운 질서를 이룹니다. 여기서 벗어난 신자의 삶은 선로를 이탈한 기차와 같습니다. 그 기차가 강력한 동력을 가질수록 사고의 위험도 커집니다.

신자에게는 신앙의 열정만이 아니라 지성의 인식이 필요합니다. 그리고 신적 질서에 대한 인식이 없이는 선하고 행복한 삶도 불가능하다는 사실을 깨달아야 합니다. 왜냐하면 판단을 위한 총명은 모든 것들 위에 뛰어난 덕(德)이기 때문입니다(엡 1:8, 골 1:9).

그리스도인은 단지 교회에 출석하는 사람이 아닙니다. 그는 자신 안에서 복음이 주는 혁명적인 변화를 경험한 사람입니다. 세상의 관점은 무너지고 그리스도를 통해서 새로운 관점을 갖게 된 사람입니다. 우리의 신앙고백이 이 사실을 입증하고 있지 않습니까?

우리의 신앙고백의 핵심은 그리스도의 주 되심(Lordship)을 인정하는 데 있습니다. 예수 그리스도께서 모든 세계와 우리의 삶의 주인이심을 인정하는 것입니다. 우리의 삶의 모든 가치와 보람을 그 주 되심 앞에 복종함으로써 그 주인의 의도에 따르는 데 두는 것입니다.

본문이 쓰인 로마 시대에는 수많은 그리스도인들이 박해를 받고 순교하였습니다. 당시 로마는 다양한 민족들을 통합하기 위해 종교적으로 너그러운 포용 정책을 시행하고 있었습니다. 속국들의 충성과 정신적 유대를 강화하기 위한 일환으로 로마는 각 민족의 자치권을 상당 부분 인정하는 유연한 행정 체제를 구축하였고, 로마의 다양한 신들과 더불어 황제에 대한 숭배 의식을 요구하였습니다.

여기서 황제 숭배 사상은 종교라기보다는 다양한 이민족들로 구성된 로마를 정신적으로 통일하기 위한 정치적인 방편이었습니다. 로마는 이 민족들에게 자신의 종교를 버릴 것을 강요하지는 않았습니다. 단지 그들의 종교와 함께 황제 숭배 사상을 나란히 두라고 명령했을 뿐이었습니다. 실제로 많은 속국의 종교인들이 이러한 로마의 정책을 수용하였기 때문에 박해를 받지 않았습니다.[24]

그러나 그리스도인은 달랐습니다. 그들은 황제 숭배 사상을 철저하게 거절하였고, 이로 인해 심한 박해를 받았습니다. 이미 그들은 예수 그리스도께서 유일하신 주이심을 인정한 사람들이었기 때문입니다. 그들의 마음에는 로마 황제의 주 됨을 인정할 수 있도록 남겨 둔 또 다른 공간 같은 것은 없었기 때문입니다.

신자의 정체, 거룩한 나라

셋째로, 거룩한 나라입니다. 우리말 성경에서 '거룩한 나라'라고 번역된 부분은 헬라어 에드노스 하기온(ἔθνος ἅγιον)을 옮긴 것입니다. 헬라어 단어 하기온의 원형은 하기오스(ἅγιος)로서 신약성경에서 대개 '거룩한'이라는 의미를 가지고 있습니다(마 4:5, 눅 1:35, 행 3:21, 딤후 1:9).[25]

원래 이 형용사는 하고스(ἄγος)라는 헬라어 명사에서 유래하였습니다. 이 단어는 신약성경에는 나타나지 않지만, 고전 헬라어에서 '종교적 경외에 속한 일'(any matter of religious awe)이라는 의미로 사용되었습니다.[26]

또한 '나라'라고 번역된 에드노스(ἔθνος)는 '하나의 종족으로 이루어진 규모가 큰 무리들'을 가리킵니다. 이것은 종족(種族) 혹은 국가 개념입니다. 단수 에드노스는 일반적인 의미로 '민족', '열방', '백성'을 지칭하였습니다(계 5:9, 7:9).[27]

에드노스의 복수형인 타 에드네(τὰ ἔθνη)는 '이방 나라들' 혹은 '이방 민족들'을 가리킵니다(행 14:5, 롬 3:29, 9:24). 또한 '혈통적으로 이스라엘 사람이 아닌 이방인 그리스도인들'을 가리키기도 합니다(롬 16:4, 갈 2:12).[28]

아무튼 당시 헬라인은 헬라인대로 유대인은 유대인대로 각각 에드노스를 이루고 있었습니다. 그리고 로마 안에는 수많은 종족들이 모여 살았는데, 이스라엘 사람들은 자신들을 제외한 이방인들을 모두 타 에드네라고 불렀습니다.

'거룩함'의 의미

성경은 그리스도인을 '거룩한 나라'라고 부릅니다. 이는 곧 그리스도인들이 이 세상에서 '거룩한 종족들' 혹은 '거룩한 나라'라는 말입니다. 그러면 여기서 언급되는 '거룩함'의 의미는 무엇일까요? '거룩한 나라'라는 표현에 담긴 그리스도인의 정체성에 대해서 이해하기 위해서는 '거룩함'의 의미를 알아야 합니다. 여기서는 그것을 크게 두 개의 범주로 생각해 보겠습니다. (1) 구별됨. (2) 하나님의 성품.

하나님께 바쳐진 구별

첫째로, '거룩함'은 '구별됨'을 의미합니다. 무엇보다도 '거룩함'은 '거룩하지 않은 것들과 나뉘어져 분리된 것'을 가리킵니다. 성경은 말합니다. "이에 마귀가 예수를 거룩한 성으로 데려다가 성전 꼭대기에 세우고"(마 4:5). "예수의 부활 후에 그들이 무덤에서 나와서 거룩한 성에 들어가 많은 사람에게 보이니라"(마 27:53).

여기서 '거룩한'에 해당하는 헬라어의 히브리어 동치어(同値語)는 모두 카도쉬(קָדוֹשׁ)인데, 이는 '구별된'이라는 의미를 가지고 있습니다. 이것은 구체적으로 이미 하나님께 바쳐졌기 때문에, 바쳐지지 않은 것들과 구별되었다는 의미입니다.

비유를 들면 다음과 같습니다. 우리가 손님이 많은 식당에 갈 때는 예약을 하는 것이 좋습니다. 일단 가게 주인이 식탁 위에 '예약석'(reserved)이라는 표시를 해 두면 그 식당에 많은 사람이 서서 기다리고 있다고 해도 그 자리에는 앉을 수 없습니다. 그 좌석은 예약한 사람에게 이미 바쳐진 것이기 때문입니다. 이처럼 '거룩함'은 그 무엇이 이미 하나님께 바쳐졌기 때문에 그 누구도 그것을 점유할 수 없게 배타적으로 구별된 상태를 가리킵니다.

신앙은 우리 자신을 하나님을 위해 배타적으로 바쳐진 것으로 여기는 것입니다. 한 주간의 많은 날들 중 우리는 하나님의 말씀을 배우고 섬기기 위한 날을 따로 떼어 놓습니다. 이것이 주일입니다. 많은 물질 중 우리는 하나님께 바칠 헌금을 떼어 놓습니다. 많은 시간들 중 우리는 하나님의 말씀을 읽고 기도하는 시간을 떼어 놓습니다. 주일, 헌금, 구별된 시간들은 이미 그렇게 하나님께 바쳐진 것이기에 거룩한 것들로 여겨집니다. 이렇게 구별된 것들이 있기에 우리는 나머지 시간, 공간, 사물들도 거룩하게 사용할 수 있습니다.

어떤 분들은 제 서재에 있는 동양 철학서나 불경, 힌두교 경전들을 보고 의아해 합니다. 그러나 그분들은 저를 의심스러운 눈초리로 볼 필요가 없습니다. 그 책들 중에 어떤 책도 제 마음의 주인이 아니기 때문입니다.

세상 사람들도 이 세계를 관찰해서 진리의 조각들을 발견합니다. 그리고 그렇게 발견된 진리도 하나님의 소유입니다. 왜냐하면 이 세상의 모든 진리 같은 것들은 참 진리이신 하나님께로부터 유래된 것이기 때문입니다(요 1:17).

그러나 세상 사람들은 하나님의 소유를 잘못 짝짓고 그릇된 질서를 부여하여 진리를 왜곡하는 사상으로 만들어 버립니다. 그리스도인으로서 우리의 임무는 그것들을 다시 해체하여 하나님을 보여주는 사상으로 다시 짝 맞추어 진리를 드러내는 사상을 형성하도록 제자리에 돌려놓는 것입니다.

많은 사람들이 '거룩함'을 자신에게서 발견하려고 합니다. 그래서 그들은 자신들이 거룩하게 살아야 거룩한 성도가 된다고 생각합니다. 하지만 그리스도인이 되었다는 사실 자체가 이미 거룩해진 것입니다. 그리스도께서 신자들을 구별하여 이미 하나님께 바침으로써, 그는 하나님에 의해 배타적으로 선점되었기 때문입니다(롬 1:6).

그러나 여전히 현실적인 문제가 있습니다. 그것은 신자가 하나님께 속한 사람답게 살지 못하는 것입니다. 이것은 그리스도인들이 원리적으로 자신을 주님께 바쳤음에도 불구하고 실제적인 삶에 있어서는 그것을 거부하고 자기 좋을 대로 살아가기 때문입니다.

사도 베드로는 로마에 흩어진 성도들에게, 그들이 이미 하나님에 의해 구별된 거룩한 백성들이라는 사실을 상기시키고 싶었습니다. 그래서 그들을 '거룩한 나라'라고 불렀습니다(벧전 2:9).

하나님께서 구별하여 놓으신 그들이 하나님이 아닌 다른 무엇에 점유되어 살아간다면, 그것은 하나님의 거룩한 권한에 대한 침범입니다. 하나님의 의(義)는 당신의 '거룩함'을 침범하는 것에 대한 반응입니다.[29]

하나님의 의는 하나님의 거룩함을 침범하는 사람들에게는 두려움입니다. 왜냐하면 불의한 이들에게 하나님의 의는 심판을 가져올 것이기 때문입니다(계 19:2). 그러나 거룩하고 구별된 삶을 사는 사람들에게 하나님의 의는 넘치는 위로입니다(잠 12:28). 왜냐하면 그들이 의로운 하나님의 통치를 따라 살기 때문입니다.

하나님과의 관계

둘째로, '거룩함'은 '하나님과의 관계'를 보여줍니다. 성경은 여러 곳에서 하나님의 거룩하심을 말하고 있습니다. "여호와의 군대 대장이 여호수아에게 이르되 네 발에서 신을 벗으라 네가 선 곳은 거룩하니라 하니 여호수아가 그대로 행하니라"(수 5:15). "누구든지 하나님의 성전을 더럽

히면 하나님이 그 사람을 멸하시리라 하나님의 성전은 거룩하니 너희도 그러하니라"(고전 3:17).

이것은 하나님의 본래적인 거룩함입니다. 하나님 자신이 이 세상과는 비교할 수 없는 영광이시기에 그분은 거룩하십니다. 그러나 인간도 거룩한 존재일 수 있습니다(막 6:20). 바로 하나님과의 관계 속에서 하나님의 거룩하심을 덕 입음으로써 그러합니다(살전 4:7, 5:23). 이러한 하나님의 거룩하심은 크게 두 가지의 의미로 요약할 수 있습니다.

첫째로는 하나님의 존재적인 초월성입니다(시 148:13). 하나님은 온 땅과 만물 위에 높이 계셔서 찬양을 받으실 분이십니다(롬 9:5). 그래서 우리가 말씀을 통하여 하나님의 높고 위대하심을 깨닫고 나면 자신이 티끌과 같은 인간임을 알게 됩니다(창 18:27).

물론 하나님의 말씀을 모르는 자연인도 가끔은 자신이 하잘것없는 존재임을 깨달을 때가 있습니다. 만년설로 뒤덮인 웅장한 산맥 위에 서 본 사람은 경이로운 광경 앞에서 자신이 얼마나 하찮은 존재인지를 깨닫게 됩니다(시 121:1). 끝없이 펼쳐진 무한한 우주, 거기서 떠도는 천체들만 생각해 보아도 우리는 자신이 정말 티끌 같은 존재임을 금세 알 수 있습니다(욥 38:32, 렘 31:35).

당나라의 시인 진자앙(陳子昻, 661-702)은 인간이라면 한 번쯤 마주하게 되는 우주의 광대함과 그 앞에서 선 인간의 외로움과 초라함을 『등유주대가』(登幽州臺歌)라는 시에서 이렇게 표현하였습니다.[30]

전불견고인(前不見古人)

후불견래자(後不見來者)

염천지지유유(念天地之悠悠)

독창연이체하(獨愴然而涕下)

앞에서는 옛사람을 볼 수 없고

뒤에서는 오는 사람을 볼 수 없구나.

천지의 아득함을 생각하니

홀로 외로워 눈물만이 흐르는구나.

이러한 경험은 본성적인 깨달음에 불과합니다. 우리는 위대하신 하나님을 만날 때, 하나님과 우리 자신 사이의 무한한 존재의 격차를 느끼게 됩니다(시 39:5). 이것이 바로 하나님의 거룩하심에 대한 경험입니다. 이것은 자연인이 본성적으로 대자연의 웅장함이나 우주의 광대함에 압도당해 느끼는 초라함과 질적으로 다릅니다. 존재에 있어서 무한하고 영원하신 하나님에 대한 경험은 우리를 경건한 두려움에 사로잡히게 합니다(시 65:8). 그리고 이 두려움이 참된 신앙의 출발입니다.

둘째로는 하나님의 도덕적인 완전성입니다(시 18:25, 57:10). 하나님께서는 인간에게는 찾아볼 수 없는 성품이 있습니다. 하나님의 영원성, 불변성, 완전성이 그것입니다.[31] 인간의 육체는 시간 속에 태어났다 사라지지만 하나님께서는 시간을 초월하십니다. 인간은 시간에 따라 끊임없이 변하지만 하나님께서는 불변하십니다. 그리고 인간은 불완전한 존재이지만 하나님께서는 무한히 완전한 분이십니다.

그래서 인간은 하나님 앞에서 자신의 죄와 불결함을 고백할 수밖에 없습니다. 인간에게는 하나님의 성품과 유사한 것들이 있습니다. 인간이 이것들을 갖도록 허락하신 것도 하나님의 은혜입니다.

성부, 성자, 성령, 삼위는 서로를 사랑하십니다. 하나님만이 완전한 사랑이시지만, 이 사랑의 모형이 인간에게도 있습니다. 그래서 인간은 하나님의 사랑을 본떠 하나님을 사랑하기도 하고, 부부가 서로 사랑하기도 하고, 부모가 자녀를 사랑하기도 하고, 또 이웃들끼리 서로 사랑하기도 합니다.

그러나 하나님의 사랑과 인간의 사랑 사이에는 좁힐 수 없는 격차가 있습니다. 그것은 무한과 유한, 완전과 불완전입니다. 하나님의 도덕적 완전성은 도덕적 존재로서의 하나님의 절대적으로 의롭고 선한 성품을 의미합니다(신 32:4, 삼하 22:26). 이것은 하나님께서 아름다우신 이유이기도 합니다.

우리는 하나님의 완전하심 앞에서 우리가 불결한 죄인임을 깨닫습니다. 우리가 행한 그 어떤 선하고 좋은 일도 완전하신 하나님 앞에서는 결함투성이라는 사실을 발견합니다. 그리고 바로 이러한 인식에 대한 반응이 통절(痛切)한 회개와 그리스도를 향한 믿음입니다(행 3:19). 우리는 이 회개와 믿음 안에서 하나님의 용서와 자비의 은총을 구하지 않을 수 없는 자신을 발견하게 됩니다. 이것이 바로 신앙을 갖는다는 의미입니다.

신앙은 하나님의 존재적인 초월성과 도덕적인 완전성에 대한 우리의 경건한 반응입니다. 신앙의 깊이는 그리스도를 통하여 하나님의 거룩하신 성품을 체험한 깊이인 것도 바로 이 때문입니다.

거룩하심에 대한 인식

여기서 우리가 반드시 기억해야 할 사실이 있습니다. 하나님의 거룩하신 성품에 대한 경험은 우리 홀로 있는 진공 상태에서 일어나는 것이 아니라는 사실입니다.

우리는 하나님과 세상과 사람들과의 관계 속에서 그분의 성품을 배워 갑니다. 다시 말해서 우리는 하나님을 아는 지식, 곧 하나님의 속성과 속성의 시행 방식을 사람들과의 관계망 안에서 알아갑니다. 하나님을 아는 지식은 신약 시대에 들어와서 그리스도를 아는 지식이라고 불리게 되었는데, 이 지식이야말로 우리의 삶의 방식을 결정적으로 좌우합니다(빌 3:8, 골 2:3).

실제적인 예를 들어 보겠습니다. 모든 일이 우리 뜻대로 이루어질 때에는 하나님에 대해 배우는 것이 별로 없습니다. 그러나 인생이 우리의 마음대로 흘러가지 않고 심지어 고통스러운 일이 닥칩니다. 그때 우리는 하나님의 말씀에 집중하게 됩니다. 그리고 하나님께로 돌아갈 마음을 갖게 됩니다(호 6:1). 우리는 경험하는 말씀을 통하여 하나님이 어떠한 분이신지를 배우게 됩니다. 이 배움은 단지 정보의 습득이 아닙니다.

우리가 하나님의 거룩하심과 맞닥뜨릴 때 우리의 불결함을 발견하게 되는데, 여기서 우리 자신에 대한 올바른 인식이 시작됩니다(사 6:5, 눅 5:8, 18:13). 하나님에 대한 지식과 우리 자신을 아는 지식은 언제나 짝을 이룹니다. 이러한 과정을 통해 우리는 하나님이 누구이신지를 알아가는 것만큼 우리가 누구인지를 알아갑니다.[32] 우리가 누구인지 정확히 알수록 그리스도를 향한 믿음은 깊어지게 됩니다. 그러므로 진정한 경건은 하나님의 거룩하심과 관련됩니다.

지금 우리는 하나님이 거룩한 분이시라는 사실에 대해서 마음이 뜨거워지고 있습니까? 우리가 드리는 예배 속에, 개인적으로 말씀을 읽는 생활 속에 하나님의 거룩하심에 대한 경험이 있습니까?

신자가 이 세상에 들려주는 존재의 울림은 하나님의 거룩한 성품에 영향을 받은 결과입니다. 신자는 온 땅과 만물 위에 높고 뛰어나신 하나님 앞에서 겸손을 배움으로써 존재의 울림을 들려줄 수 있는 사람이 됩니다. 도덕적으로 완전하신 하나님 앞에서 자기가 죄인임을 고백함으로써 존재의 울림이 있는 삶을 살게 됩니다.

이 세상에서 그가 들려주어야 할 울림은 세상적인 성공과 번영이 아닙니다. 인간이라는 존재가 마땅히 어떠해야 하는지에 대한 것입니다. 하나님의 은총을 힘입으며 사는 것이 인격화될 때, 신자의 삶에서는 누구도 들려줄 수 없는 독특한 존재의 울림이 흘러나옵니다.

그리스도인들이 많은 신앙 서적을 읽고, 교회에서 봉사를 많이 하고, 성경에 관한 지식이 풍부하다고 할지라도, 그것만으로 존재의 울림이 있는 사람이 되는 것은 아닙니다. 그는 사람들이 보기에 가장 종교적인 삶을 살고 있음에도 불구하고 그저 세상 사람들 중 한 사람처럼 여겨질 수 있습니다.

우리는 종종 그리스도인의 사명을 오해합니다. 예수 그리스도를 믿고 하나님의 자녀가 되었으니 이런저런 일을 해야 한다고 생각합니다. 그러나 신자에게는 그것보다 더 중요한 사명이 있습니다. 그것은 바로 거룩하신 하나님을 날마다 대면히며, 그분의 형상을 닮은 거룩한 존재로 변화되어 가는 것입니다(살전 4:7).

존재가 변화된 사람들에게는 독특한 울림이 있습니다. 그는 변화된 자신의 신앙을 따라 독특한 인생관과 세계관을 따라 살아갈 것이기 때문입니다. 그러므로 하나님의 사랑 안에서 그 거룩하신 하나님을 끊임없이 경험하며 살아가는 그리스도인이 되십시오(요 15:9). 체계적인 사상으로 질서가 잡히고 삶이 거룩한 질서와 맞물려 있게 하십시오. 무엇을 행하며 살든지 확고한 신념과 사상 속에서 자기가 왜 그렇게 살 수밖에 없는지를 입증하는 사람이 되십시오. 그것이 바로 신자가 세상에 존재의 울림을 들려주는 방법입니다.

우리 주위에는 세상 사람들에게 선한 영향력과 감화를 끼치는 신자들이 있습니다. 인간적으로 보면 그들은 부자도 아니고 이 세상에서 영광을 누리고 있는 사람도 아닌 경우가 많습니다. 그런데 우리 자신에게는 없는 그 무엇이 그들에게는 있습니다.

누가 보아도 그들이 인생의 시련의 때를 지나는 것이 분명한데, 세상이 줄 수 없는 평화를 누리며 하나님 한 분만으로 기뻐합니다(빌 1:18, 4:4 참고). 세상 사람이 추구하는 가치와는 전혀 다른 가치를 따라 살아갑니다. 우리는 그들로부터 존재의 울림을 듣습니다. 그 울림은, 소리로는 고요하지만, 정(情)으로는 이렇게 외칩니다. "하나님께서는 살아 계시다. 이것이 인간의 행복이다."

'나라'의 의미

사도 베드로는 또한 그리스도인들을 '나라'라고 부르고 있습니다(벧전 2:9). 이러한 표현은 우리에게 거룩함의 소명이 공동체적인 것임을 보여 줍니다.

거룩함은 그리스도인의 정체성인 동시에, 또한 신자들의 영적 연합의 특징이어야 합니다. 다시 말해서, 교회라는 공동체의 특징이 되어야 합니다. 그러므로 신자는 자신이 몸담은 지역의 작은 교회를 넘어서 한 시대의 교회 그리고 전 세계의 보편 교회의 존재의 울림에 관심을 가져야 합니다. 이것은 교회의 영적인 번영과 하나님의 나라의 확장을 위한 관심사와 일치합니다.

교회의 영적인 상태는 단순히 신자들이 이 세상에서 번영하는 것만으로는 알 수 없습니다. 오히려 그것은 사랑으로써 완성되는 거룩함으로 알 수 있습니다. 곧 교회의 많은 성도들이 온 땅과 만물 위에 높으시고 완전하신 하나님 앞에서 미천하고 불결한 자신을 받아 주신 은혜에 감격하며 살아갈 때, 교회는 영적 건강함을 유지할 수 있습니다.

교회는 하나님으로부터 거룩함의 소명을 받았습니다(벧전 1:15). 그래서 교회는 세상으로부터 세속의 물결을 받아들이는 것이 아니라 거룩한 영향을 세상에 미쳐야 합니다(롬 12:2). 그리스도의 교회가 진리의 말씀과 성령으로 충만해야 할 이유가 바로 여기에 있습니다(행 4:31, 12:24, 19:20).

성령의 은혜를 체험하는 것이 무엇입니까? 바로 이 세상 사람들에게 하나님의 거룩함을 체험하게 해주는 것이 아니고 무엇이겠습니까? 그래서 보이는 이 세상의 질서보다 보이지 않는 하나님의 거룩한 가치를 따라 사랑하며 살게 해주는 것이 아니고 무엇이겠습니까?

그런데 오늘날 교회에서는 거룩함의 회복이 관심사가 되지 못하고 있습니다. 교회 안팎에서 들려오는 외침이 있기는 합니다. 교회 밖에서는 교회의 도덕적인 개선을 요구하고, 안에서는 온전하지 않은 신자들의 삶을 보며 반성합니다. 그러나 교회의 거룩함은 세상 사람들이 모인 집단을 개선하는 방식이나 어떠한 운동으로 회복되는 것이 아닙니다. 그 이상의 무엇이 필요합니다. 바로 하나님의 거룩하심의 경험입니다. 하나님의 말씀과 성령에 의한 부흥이 필요합니다.

조국교회는 정말 하나님만을 바라보고 있으며 또한 세상 사람들에게 자신이 사랑하는 하나님을 보여주고 있습니까? 신앙이 무엇입니까? 하나님의 마음으로 자신의 시대를 바라보는 것이 아니고 무엇이겠습니까? 그러므로 우리는 우리를 바라보시는 그리스도의 마음을 품을 수가 있어야 합니다(빌 2:5). 하나님께서 바라시는 교회와 그리스도인의 모습이 어떤 것이며, 지금 우리는 실제로 어떤 모습인지를 고민하지 않으면 안 됩니다.

그리스도의 교회의 영광은 이 세상의 박수를 받는 것이 아닙니다. 이 세상이 아무리 교회를 칭송한다고 할지라도 그리스도께서 인정하지 않으신다면 그것은 좋은 것이 아닙니다. 교회의 관심은 이 세상 사람들로부터 받는 인정이 아니라 교회의 주인이신 하나님의 인정이어야 합니다(계 2:3).

그렇다면 이 일은 어떻게 실천되어야 할까요? 먼저 거룩한 공동체로서 부름받은 교회의 사명은 신자 개개인의 삶 속에서 실제로 적용되어야 합니다(골 1:28, 4:6). 기도하라고 하면 기도에 관한 책만 읽고, 전도하라고 하면 전도에 관한 강의를 듣고, 열렬해지라고 하면 다른 사람의 간증을 듣는 것으로는 하나님의 기대에 부합할 수 없습니다. 이렇게 허울뿐인 대리 만족으로 사는 그리스도인에게는 존재의 울림이 없습니다.

예수 그리스도께서는 친히 우리에게 참된 인간의 모습을 보여주시고 직접 그 삶을 살아 내셨습니다. 당신의 은혜를 받은 우리도 그분을 아는 지식 안에서 그분을 닮은 존재가 되고 그분을 기쁘시게 할 만한 삶을 살아 내기를 원하십니다. 그리스도인은 하나님의 백성으로서 이 어두운 세상에 거룩한 존재의 울림을 들려줄 수 있어야 합니다(딛 2:7 참고).

거룩한 나라가 되기 위해 필요한 것들

존재의 울림이 있는 그리스도인이 되기 위해서는 그리스도의 주 되심 앞에 무릎을 꿇어야 합니다. 이것이 가장 시급합니다. 그리스도인의 삶의 원리는 우리 구주 예수 그리스도께서 우리를 당신의 백성으로 삼으신 구원의 뜻에 부합하게 사는 것입니다(갈 1:4, 벧전 4:2). 그리고 이렇게 살기 위해서 우리는 매일매일 마음을 하나님께 드리며 기도와 말씀의 은혜 가운데 살아야 합니다.

우리는 복음의 진리와 지성적으로 친숙해질 뿐 아니라, 의지가 은혜의 영향력 아래 있어서 그리스도께 기꺼이 순종하면서 살아갈 수 있어야 합니다(롬 1:5, 6:12-13). 우리가 한때 아무리 초월적인 체험을 하고 그리스도를 만났다고 할지라도 매일 은혜에 거하지 않는다면 존재의 울림은 깃들지 않습니다. 왜냐하면 사단의 세력과 죄로 물든 세상 그리고 우리 안에 여전히 남아있는 죄의 영향력이 우리를 가만히 내버려 두지 않을 것이기 때문입니다(벧전 5:8).

따라서 신앙의 물러남은 이런저런 죄를 짓는 것만이 아닙니다. 그것은 그리스도의 주 되심에 대한 관점과 태도가 변하는 것입니다. 그래서 구원받기 이전의 자기를 주인 삼은 삶으로 되돌아가는 것입니다. 바로 이것이 신자의 타락입니다(롬 16:18). 죄는 제일 먼저 우리의 생각을 속이고 우리를 참된 질서로부터 이탈시킵니다(약 1:14, 5:19). 그래서 우리가 생각을 지키지 못하면 마음을 지킬 수 없고, 마음을 지킬 수 없으면 우리의 신앙을 유지할 수 없습니다(잠 4:23).

그렇다면 그리스도인이 실제 삶 속에서 '거룩한 나라'로서 존재의 울림이 있는 삶을 살기 위해서는 어떻게 해야 할까요? 그리스도인이 하나님의 '거룩한 나라'라는 부르심에 부끄럽지 않게 살아가기 위해서는 최소한 다음 네 가지가 필요합니다.

첫째로, 하나님의 말씀의 찬란한 빛입니다(시 119:105). 부름받은 하나님의 자녀라 할지라도 매일매일 진리의 찬란한 빛이 마음을 비추지 않는다면 그의 입술의 고백과 삶의 실천은 변할 수밖에 없습니다. 그러므로 우리는 진리의 말씀에 마음이 영향을 받으며 뼛속 깊이 그 진리가 배도록 해야 합니다. 이 모든 하나님의 진리의 빛을 받아들이는 통로는 바로 인간의 지성(知性)입니다.

주님을 향한 굳건한 믿음과 진리의 말씀을 토대로 하나님의 교훈들을 이해하려는 지혜(知解)의 노력이 필요합니다(시 119:27). 그것들이 성령의 역사로 말미암아 찬란한 빛이 되고 그 빛 안에서 날마다 자신을 돌아보아야 합니다(딤전 4:4, 5:22, 갈 6:1). 자기의 욕망보다도 하나님의 뜻이 자신의 의지를 움직이는 사람들이 되어야 합니다.

둘째로, 자기 성찰입니다(고전 1:12, 엡 2:11). 청교도들은 이것을 '정사'(精査, scrutiny)라고 불렀습니다.[33] 우리는 찬란한 진리의 빛 앞에서 자신을 비추어 볼 수 있어야 합니다. 하나님의 찬란한 빛의 가치는 그 진리의 빛이 다른 사람을 비추는 데 있는 것이 아니라 자신을 비추는 데 있습니다(마 7:3-4). 진리가 아니었더라면 깨달을 수 없는 자신을 발견하고 진리에 합당하지 않은 자신을 깨뜨리고 그러한 자신과 결별하는 결단이 필요합니다. 그 첫걸음이 바로 자기 성찰입니다(빌 2:4).

우리는 하나님의 말씀의 빛으로 자신의 행동들을 관찰하며 그 속에서 자신의 존재와 성품, 사람됨을 성찰합니다. 그 가운데 어떤 것이 하나님의 말씀에서 벗어났는지를 깊이 생각하는 것입니다. 그러면 무엇 때문에 자신의 삶에 존재의 울림이 없는지를 하나님께서 말씀을 통하여 깨닫게 하실 것입니다.

셋째로, 마음을 쏟는 기도입니다(눅 21:36, 22:40). 아무리 찬란한 빛이 있어도 단지 그 빛이 자신의 잘못을 발견하게 하고 그것으로 끝난다면 그것은 존재의 울림으로 이어질 수 없습니다. 하나님의 말씀의 빛을 통해 자신의 결함을 보는 것과 그것을 미워하고 하나님의 뜻을 좇는 순종은 별개입니다(약 1:23-24).

그래서 우리는 그 찬란한 빛이 단지 우리의 마음과 삶을 비출 뿐 아니라 그 빛 안에서 드러난 나쁜 것들에 대해 슬퍼하는 마음을 품고 좋은 것들에 대해서 더욱 사랑하는 마음을 품게 하도록 열렬히 기도하지 않으면 안 됩니다. 시인은 말합니다. "백성들아 시시로 그를 의지하고 그의 앞에 마음을 토하라 하나님은 우리의 피난처시로다"(시 62:8).

형식적인 기도는 우리의 생각 속에서 나와 단지 생각에까지만 영향을 미칩니다(눅 18:11). 그러나 마음을 다해 드리는 기도는 마음으로부터 나와 정신을 변화시키고 마음의 틀을 바꿔 놓습니다(시 138:3). 마음을 쏟는 간절한 기도는 피의 펌프질이 되어 우리의 마음 갈피갈피 있었던 악과 죄를 버리게 하고 하나님의 뜻을 좇도록 만들어 줍니다.[34]

우리는 하나님의 말씀의 찬란한 빛을 받고 자신을 성찰할 뿐만 아니라, 깨달은 바를 가지고 주님의 은혜의 보좌 앞에 나아가야 합니다(히 4:16). 그곳에서 죄를 미워하고 하나님의 진리를 사모하는 심령이 되어야 합니다. 그것이 바로 마음의 중심을 모두 쏟아 놓고 하나님의 뜻에 합당한 사람이 되기를 간절한 기도 속에서 갈망하는 사람이 되는 것입니다.

넷째로, 의로운 삶의 용기입니다(요 16:33, 행 28:31). 하나님의 자녀답게 살기 위해서는 용기가 필요합니다. 희생이 없이 이 어두운 세상에서 하나님의 자녀답게 산다는 것은 환상입니다. 만약 신앙생활에 쉬운 길이 있다고 가르치는 사람들이 있다면, 그 가르침은 모두 거짓입니다.

신앙생활은 꽃길만 걷는 일이 아닙니다. 하나님의 말씀을 따라 살아가는 삶에는 용기와 결단이 필요합니다. 그런 점에서 신앙은 언제나 죽음을 각오하는 것입니다(딤후 3:12). 이 용기는 주님을 향한 사랑이 우리의 마음에 꽉 차고 그 진리대로 사는 삶이 너무나 행복하기 때문에 모든 것을 희생해도 좋다는 의지입니다.

거룩하신 하나님 앞에서

우리는 은혜 없이 메마른 신앙생활을 하는 것이 얼마나 위험한지 알아야 합니다. 우리의 신앙고백이 허울뿐인 것이 되고 삶이 신앙고백과 불일치하게 되는 일이 우리 인생에서 없을 것이라 생각하는 것은 영적 자만입니다. 그리고 그것은 곧 우리를 패배한 삶으로 데려갑니다(잠 16:18).

지금도 많은 사람들이 말로는 그리스도 예수의 복음을 전파하고 행복을 언급하지만, 정작 자신은 하나님으로 말미암아 행복하지도 않고 그리스도로 말미암아 즐겁지도 않은 삶을 살고 있습니다. 이것은 하나님의 주권을 인정하는 삶과는 거리가 먼 것입니다.

우리는 신자입니다. 구별된 거룩한 존재로서 이 세상에 항거할 수 없는 감화의 울림을 들려주는 삶을 살고 싶으십니까? 하나님의 말씀의 빛 속에서 철저하게 자신을 성찰하며, 기도하고, 희생을 무릅쓴 용기로 의로운 삶을 살아가십시오(요 16:33). 그리스도인은 하나님께 부름받은 거룩한 나라입니다. 하나님께서는 우리를 거룩한 나라로 불러 주셨습니다.

우리는 하나님 앞에 소중한 보물임에 틀림없습니다. 그러나 세공을 마친 완성품이 아니라 원석입니다. 그래서 하나님께서는 우리가 이 세상에서 환란과 시련을 만날 때에 항상 함께하시며, 그것들을 사용하셔서 우리의 인격과 성품을 깎고 다듬으십니다. 그리하여 우리를 아주 찬란한 보석이 되게 하십니다.

4장

하나님의 보물

최근에 국내의 한 대기업이 전시를 목적으로, 유명 여배우인 엘리자베스 테일러(Elizabeth Taylor)의 33캐럿짜리 다이아몬드를 약 100억 원에 구입하였습니다.

다이아몬드는 중량(carat), 투명도(clarity), 색깔(color), 절삭 상태(cut), 이른바 4C에 의해서 그 등급이 매겨집니다. 그리고 여기에 희귀한 다이아몬드를 소유한 주인의 유명세까지 더하여지면 가격은 천정부지(天井不知)로 치솟게 됩니다. 그런데 만약 그 다이아몬드를 구입한 사람이 그것을 호두를 깨뜨리는 데 사용하겠다고 한다면 과연 여러분은 어떤 느낌을 받으시겠습니까?

그리스도인들이 아무렇게나 사는 것은 자기가 누구인지를 정확히 모르기 때문입니다. 그리스도인은 정말로 소중한 사람들입니다. 왜냐하면 그 한 사람 한 사람을 구원하여 당신의 자녀 삼으시기 위해서 하나님께

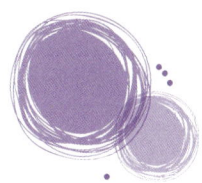

서는 가장 사랑하시는 아들을 십자가에 내어 주셨기 때문입니다(롬 8:32). 사도 베드로는 그리스도인의 또 하나의 정체성을 말합니다.

'그의 소유'의 의미

넷째로, 하나님의 소유가 된 백성입니다. 우리말 성경에서 '그의 소유가 된 백성'이라는 구절은 헬라어 성경 본문의 라오스 에이스 페리포이에신(λαὸς εἰς περιποίησιν)을 번역한 것입니다.

이 구절의 의미를 이해하기 위해서는 구약성경의 구절들을 참고해야 합니다. 하나님의 택하심과 이스라엘의 거룩함에 대해 성경은 말합니다. "너는 여호와 네 하나님의 성민이라 네 하나님 여호와께서 지상 만민 중에서 너를 자기 기업의 백성으로 택하셨나니"(신 7:6). 또한 하나님과 이스라엘 백성들의 소유 관계에 대해서 다음과 같이 말합니다. "나는 너희 중에 행하여 너희의 하나님이 되고 너희는 내 백성이 될 것이니라"(레 26:12).

레위기 26장 12절에서 '백성'이라고 번역된 단어는 히브리어로 암(עַם)이고, 신명기 7장 6절에서 '자기 기업의 백성'이라고 번역된 구절은 암 세굴라(עַם סְגֻלָּה)인데 이 암 세굴라를 직역하면 '보물의 백성'입니다.

'보물'을 의미하는 세굴라(סְגֻלָּה)의 동사 원형은 '획득하다.'라는 뜻을 가진 사갈(סָגַל)로 추측되는데 구약성경에는 나오지 않는 단어입니다. 세굴라는 사갈이라는 동사의 수동 분사 여성형으로서 '소유', '값진 재산', '특별한 보물'을 의미합니다(출 19:5, 신 7:6, 14:2, 26:18, 말 3:17, 시 135:4).[35]

성경의 여러 곳에서 세굴라는 '보석'이라는 의미를 갖습니다. 흠정역(KJV) 성경이 말라기 3장 17절에서 이 단어를 '나의 보석'(my jewels)이라고 번역한 것이 한 예입니다. 이 세굴라의 헬라어 동치어(同値語)가 바로 본문에서 쓰인 페리포이에시스(περιποίησις)입니다.[36]

어떤 주석가들은 '그의 소유가 된 백성'에 해당하는 헬라어 구절 라오스 에이스 페리포이에신(λαὸς εἰς περιποίησιν)에서 '백성'을 뜻하는 라오스(λαός)를 '속으로'라는 의미의 전치사 에이스(εἰς)와 결합시켜 종말론적인 의미에서 '하나님의 소유 속으로 들어가는 백성들'이라고 해석합니다. 그렇게 되면, 그리스도인의 정체성은 하나님께 보물 같은 존재인데 그런 가치를 온전하게 인정받고 충만한 사랑을 받게 된다는 것입니다.[37]

그리스도인은 이미 구원받은 하나님의 자녀로서, 그분에게 보물과 같은 존재이며, 그렇게 돌봄을 받고 있습니다. 그러나 하나님의 나라가 아직 완전히 이루어지지 않은 이 현실 세계에서 이 세상의 불완전함과 죄 때문에 우리가 하나님의 귀히 여기심을 느끼지 못할 때도 있습니다. 그러니 종말에는 그 모든 방해를 초월하여 변함없이 하나님의 충만한 사랑 안에서 살게 된다는 뜻입니다.

결국 이 모든 사실들을 종합해 보면 사도 베드로가 말하고 싶었던 것은 이것입니다. "너희는 이미 하나님의 사랑을 받고 있지만 종말에는 하나님께로부터 더 많은 사랑을 무한히 받게 될 보물 같은 백성들이다."

보물 같은 백성들

예수 그리스도께서 이 세상에 오심으로써 하나님의 나라는 이미 임하였습니다(마 12:28, 눅 11:20). 우리는 영적으로 그분께 접붙여져 하나님 나라의 백성이 되었습니다.

하나님 아버지께 예수 그리스도가 소중하기에 그분께 접붙여져 있는 우리도 하나님 앞에 소중한 보물 같은 자녀들입니다(롬 8:32). 이것이 바로 '그의 소유가 된 백성'이라는 표현이 의미하는 바입니다(벧전 2:9). 하나님께서 우리를 이토록 소중한 보물처럼 여겨 주시는 이유는 다음 사실과 관련이 있습니다.

첫째로, 이것은 우리의 아름다움 때문이 아니라 하나님의 무한하신 사랑의 성품 때문입니다. 우리에게 사랑스러운 것들은 대부분 우리에게 이익이 되는 것들입니다. 그러나 하나님께서는 자신의 사랑 때문에 세상 사람들을 한없이 사랑하십니다(요 3:16). 이것을 하나님의 '박애적 사랑'(amor benevolentiae)이라고 부릅니다.

둘째로, 그리스도의 구원으로써 증진되는 우리의 아름다움은 하나님 사랑의 경험을 증진시킵니다(요 14:21). 우리는 신앙생활을 하며 하나님을 사랑하고 그분의 말씀에 순종하며 살아가는 방법을 조금씩 배워 갑니다. 또 진리와 성령으로써 성화의 과정을 거치면서 더욱 아름다운 영혼을 가진 사람이 되어갑니다. 그러면서 우리는 이전보다 더욱 하나님 앞에 아름답고 사랑스런 존재가 되어갑니다.

물론 현실은 만만하지 않습니다. 하나님의 나라는 아직 완성된 것이 아니기 때문입니다(눅 21:31, 히 2:8). 사단의 세력들은 크게 패배하였지만 여전히 존재하고 있고, 이 세상은 여전히 하나님의 통치를 따르지 않으려 합니다(요 13:2, 엡 6:11, 벧전 5:8). 그러나 마지막 날에는 모든 것이 완성될 것입니다. 하나님께서 사단의 세력들을 파멸하실 것이고 끝까지 복음을 받아들이지 않는 사람들을 심판하실 것입니다(히 2:14, 요일 3:8).

그날이 오면 자연 세계 속에 맺힌 하나님의 저주가 완전히 풀려서 일찍이 인류가 본 적이 없는 찬란한 아름다움이 드러날 것입니다(롬 8:21-22). 그러나 그보다 더 아름다운 것이 있으니 바로 그리스도인의 존재입니다.

우리 안에 모든 불결한 것들과 거룩하지 않은 것들이 사라지고 우리는 완전한 인간이 되어 하나님 앞에 설 것입니다(빌 2:15, 살전 5:23 참고). 하나님께서 이 세계를 만드실 때에 창조하셨던 순전한 인간의 모습을 회복할 뿐 아니라, 그들도 미처 경험하지 못하였던 하나님의 사랑에 대한 놀라운 지식을 가지게 될 것입니다(고전 3:12).

그때 하나님께서 보시기에 세상은 얼마나 아름답겠습니까? 또한 그리스도인들은 얼마나 사랑스럽겠습니까? 이것이 바로 하나님께서 우리를 '나의 보물 같은 백성'이라고 불러 주신 이유입니다.

성도는 바로 하나님 나라의 완성을 바라보며 사랑으로 인내하면서 믿음 안에서 인생을 살아가야 합니다. 그의 인생의 목표는 지상에서 하나님의 나라의 실현입니다. 하나님 나라를 선포하며 많은 사람들이 그 나라 안에서 자신과 더불어 행복을 누리도록 그리스도께로 이끄는 사람들입니다. 아우구스티누스(Aurelius Augustinus, 354-430)가 지적한 것처럼, 그리스도인의 전도는 자기를 사랑하던 사람들을 설득해서 하나님을 사랑하게 하는 것입니다(살후 3:5).[38]

주기도문은 바로 이러한 성도의 삶을 그림처럼 보여주는 가르침입니다. 우리는 이 땅에서 하나님의 은혜를 경험합니다. 그러나 하나님의 사랑에 대한 우리의 경험은 자주 단절됩니다. 그래서 종종 시련이 엄습하고 고난이 겹칠 때, 시인처럼 우리도 때로는 낙심하게 됩니다. "주께서 영원히 버리실까, 다시는 은혜를 베풀지 아니하실까, 그의 인자하심은 영원히 끝났는가, 그의 약속하심도 영구히 폐하였는가"(시 77:7-8).

우리의 삶이 하나님의 말씀과 은혜에서 멀어지면, 하나님의 사랑과 영광과 은혜에 대한 우리의 영적 감각도 함께 희미해집니다(롬 5:2, 고후 4:6, 골 1:11, 벧전 1:8). 이것을 우리는 영적인 침체라고 부릅니다.

영적인 침체 속에서 하나님을 향한 우리의 사랑의 노래는 마디가 끊어지곤 합니다. 그러나 하나님의 나라가 이 땅에 완성될 때, 하나님을 향한 우리의 사랑의 노래는 끊어지지 않을 것입니다. 모든 하나님의 백성들이 그분으로부터 무한한 사랑을 받을 것이며, 모든 하나님의 자녀들은 그 사랑의 질서 속에 살아가는 것을 행복하게 여기며 서로를 보며 말할 것입니다. "내 뼈 중의 뼈요 살 중의 살이라"(창 2:23).

이러한 구원사적 전망 속에서 우리는 하나님의 보물이 되었습니다. 하나님께서는 우리를 너무나 소중하기에 감추어 둔 보물처럼 여기십니다. 우리는 하나님 앞에 소중한 보물임에 틀림없습니다. 그러나 보석으로 치자면 우리는 세공을 마친 완성품이 아니라 원석입니다. 그래서 모든 것을 아시는 하나님께서는 우리를 생긴 그대로 그냥 버려 두지 않으십니다.

신자가 이 세상에서 환란과 시련을 만날 때에 항상 함께하시며, 그것들을 사용하셔서 우리의 인격과 성품을 깎고 다듬으십니다(시 12:6, 26:2). 그리하여 우리를 아주 찬란하게 보석이 되게 하십니다. 이렇게 함으로써 우리는 세상을 향하여 존재의 울림이 있는 그리스도인들이 됩니다.

우리는 자신이 하나님 앞에 보물과 같은 존재라는 사실을 인식해야 합니다. 그리고 좋으신 하나님의 선한 섭리를 믿으며 살아가야 합니다. 우리는 어떤 처지에 놓여 있든지 항상 하나님과의 관계를 올바르게 하며, 하나님께서 우리를 가장 선한 길로 인도하실 것이라는 사실과 이 세상의 모든 일들이 결국에는 하나님의 뜻을 따라 이루어질 것이라는 사실을 굳게 붙들어야 합니다. 그러한 섭리를 믿는 신앙 안에서 하나님과 동행하며 사는 사람들이 그리스도인들입니다.

교회의 아름다움

신사 한 사람이 하나님 앞에 소중한 보물이기에 그들이 모인 교회는 아름답습니다. 교회가 아름답기에 거기에 접붙여진 신자가 아름다울 수 있습니다.

세상을 향한 교회의 현실적인 영향력은 결국 그 안에 모인 신자들의 거룩함의 총화(總和)입니다. 교회의 아름다움은 교회를 구성하는 신자들의 아름다움의 총화이고, 그들의 아름다움의 원천은 그리스도이십니다.

사도 베드로는 그의 편지의 수신자들을 향해 '너희는……그의 소유가 된 백성'이라고 불렀습니다. 여기서 '너희'는 한 개인이 아니라 영적으로 연합된 모든 교회를 가리킵니다. 또한 사도는 편지 후반부에서 신자가 개인으로서 하나님과 이웃을 향해 어떻게 살아야 할지에 대해 구체적인 교훈을 주고 있습니다(벧전 2:11-3:7). 이것은 신자의 경건의 삶이 교회 전체가 존재의 울림을 가진 공동체가 되게 하는 데 얼마나 중요한지를 보여주는 것입니다.

개별적 존재로서 가지는 한 신자의 아름다움도 소중하지만 공동체로서 발하는 교회 전체의 아름다움은 더욱 탁월합니다. 그 뛰어난 각각의 존재들이 하나님의 사랑으로 하나되어 맺는 관계 속에 하나님의 아름다움을 더욱 찬란하게 드러내기 때문입니다(시 133:1, 딤후 1:14, 딛 3:8).

교회의 아름다움의 원천은 머리 되신 그리스도이십니다. 교회를 향한 사랑의 원천은 하나님의 사랑 자체이고, 현실 교회가 경험하는 하나님 사랑의 원인은 아름다움이며, 또한 교회의 아름다움의 원인은 신자의 완전성과 관계성입니다. 그러므로 인간에게 있어서 사랑은 독립과는 거리가 멉니다.

사랑은 그 자체가 대상을 필요로 합니다. 모든 만물은 창조주이신 하나님을 의지함으로써 피조물로서 온전해지고, 인간 역시 하나님께서 창조하신 많은 사람들과 관계를 맺음으로써 아름다움을 증진합니다. 하나님은 사랑이십니다(요일 4:16). 성부, 성자, 성령은 완전한 하나님의 위격이시지만 서로를 사랑하심으로 삼위일체 하나님이십니다.

삼위 간에 누려지는 이 사랑은 모든 만물 위에 충만한 생명으로 나타났습니다. 하나님께서는 사랑으로 종말까지 하나님의 교회를 보존하시고 사랑하십니다(롬 5:8, 8:39). 바로 그 사랑 때문에 우리는 복음적인 교회가 영원하다는 사실을 확신할 수 있습니다(엡 3:9-11).

이 세상으로부터 수많은 박해와 시련이 다가와 눈에 보이는 건물로서의 교회가 파괴되고 망가지더라도, 영적으로 연합된 그리스도인들 사이에 사랑이 누려지는 한 그리스도의 교회는 영원합니다(마 16:18).

그러므로 한 사람이 신자가 된다는 것은 영적으로 교회에 접붙여져 이제껏 경험해 본 적 없는 하나님의 성품에 참여하는 것입니다(벧후 1:4). 그리스도의 몸의 일부, 교회의 한 지체로서 하나님의 사랑에 참여함으로써 아무 가치 없던 사람들이 하나님 앞에 보물과 같은 존재가 되는 것입니다. 얼마나 놀라운 일입니까!

이것은 단지 차가운 교리적인 명제일 수 없습니다. 하나님의 은혜 안에서 사는 사람들은 이러한 사랑을 날마다 경험하며 살아갑니다 신자가 원리적으로 그리스도의 몸에 접붙여질 뿐만 아니라 실제적으로도 그리스도와 연합되어 있을 때, 그가 가장 아름답다고 말할 수 있습니다(요 15:9). 그리고 이 연합을 이루는 것은 보이지 않는 그리스도를 향한 진실한 사랑임에 틀림없습니다(요 15:9).

우리는 우리를 보물과 같이 사랑하시는 하나님 아버지의 안에 있습니다. 물론 그렇다고 교회 안에서 달콤한 사랑의 밀어(蜜語)들만 오가는 것은 아닙니다. 그리스도인의 삶은 항상 자신이 보물처럼 소중히 여김을 받으며 하나님의 사랑을 받는 황홀한 기쁨들로만 가득한 것은 아닙니다. 사단의 세력은 아직까지도 부분적으로 역사하여 그리스도인들의 삶에 영향을 미치고, 우리는 잔존하는 부패성과 싸워 이기며 가야 할 삶의 길이 있습니다. 그러나 이미 그리스도의 십자가의 고난과 부활을 통해서 사단은 허리가 부러져 설설 기어가는 신세가 되고 말았습니다(골 2:15).

교회에 접붙여지기 전의 우리의 삶의 모습을 떠올려 보십시오. 하나님을 알지 못하였을 때, 우리는 생명과 사랑이 무엇인지도 모른 채 살았습니다. 이 세상의 자원이 우리가 가진 전부였습니다.

어떤 사람들은 학문이나 예술 등으로 정신의 고양(高揚)을 추구하고 신성(神性)의 흔적을 발견하기는 하였습니다. 그러나 그것은 단지 하나님의 존재와 양심의 율법들에 대해 핑계할 수 없는 근거일 뿐, 진정한 생명이 아니었습니다. 더욱이 그것으로써는 생명의 근원을 알 수 없었습니다(행 13:27, 롬 3:17). 그런데 우리가 예수 그리스도를 머리로 하는 몸에 접붙여지고 사랑과 생명을 충만히 누리게 된 것입니다(롬 11:17).

이 모든 일이 일어난 곳은 어디입니까? 바로 그리스도의 교회입니다. 신자는 공간적으로만이 아니라 영적으로 그리스도의 몸인 교회 안에서 이러한 사랑과 생명을 경험하였습니다. 우리가 하나님의 은혜의 수단에 참여하며 그리스도를 믿기만 하면 언제나 이처럼 놀라운 은혜와 사랑과 생명이 충만하게 됩니다.

다음 사실을 가슴 깊이 새겨 보십시오. 하나님께로부터 온 모든 좋은 것들은 교회를 향한 하나님의 사랑 때문에 우리에게 주어진 것입니다. 교회는 하나님께 너무나 사랑스러운 당신 아들의 신부이기 때문입니다

(계 21:2, 9). 하나님께서는 교회를 사랑하시고 우리는 예수 그리스도의 신부인 교회에 접붙여짐으로써 그 사랑에 참여합니다(고전 10:16-17). 원리적으로뿐만 아니라 실제적으로 그리스도와의 연합을 누리며 지체들과 하나님의 보물 같은 백성다운 삶을 살아가는 것입니다.[39]

신자의 소명은 하나님의 사랑을 경험하면서 지체들과 함께 하나님의 보물로서의 삶을 살아가는 것입니다. 때로는 교회가 고난과 시련, 박해를 당할 것입니다. 그때에도 우리는 그리스도의 몸인 교회의 한 지체로서 그러한 고통에 참여합니다(고후 1:7, 빌 3:10, 벧전 4:13). 그리고 그것들을 통하여 교회의 지체인 우리를 향한 하나님의 무한한 사랑을 경험합니다. 시련과 고통, 박해와 고난은 아직 하나님께 복종하지 않은 이 세상에서 하나님의 자녀답게 살기 위해서 지불해야 하는 대가일 뿐입니다(롬 8:17, 빌 1:29).

하나님께서는 매 순간 당신이 우리를 어떻게 사랑하시는지를 모든 삶의 섭리를 통해서 보여주십니다. 그리고 시시때때로 우리의 영혼에 은혜를 내리심으로써 당신의 사랑을 보여주십니다.

교만과 열등감 사이에서

하나님께서는 아무런 가치 없는 우리에게 넘치는 호의를 베풀어 주셨습니다. 그러니 우리는 마땅히 그 사랑에 감사와 영광을 돌려야 합니다(고전 1:4, 빌 1:11).

그래서 삼위 하나님과 그리스도의 신부인 교회, 교회의 신랑 되신 우리 예수 그리스도께 영광을 돌려야 합니다. 그렇게 하지 않는다면 주님의 은혜를 받으면서도 우리 자신 안에 어떤 가치가 있기에 주님의 사랑을 받는다고 생각하는 교만에 빠지게 됩니다.

신자는 높은 신앙의 자존감을 유지하며 살아야 합니다. 비록 이 세상이 알아주는 사회적인 지위나 재산이 없을지라도 자신이 거룩하신 하나님 나라의 백성, 그리스도의 교회의 지체, 예수 그리스도의 신부인 교회의 일부가 되었다는 사실 때문에 하나님께 영광을 돌리며 살아야 합니다(롬 9:25, 히 8:10, 벧전 2:10). 하지만 그것은 그리스도인으로서의 자존감을 가지라는 의미입니다. 그리스도인은 자신의 정체성에 대해 알면 알수록 겸손해질 수밖에 없습니다.

우리가 불신자였을 때를 생각해 보십시오. 시시때때로 주변 사람들과의 비교 의식 속에서 때로는 열등감을 갖기도 하였습니다. 나보다 탁월한 재능을 가진 사람, 나와는 달리 좋은 집안에서 태어난 사람, 나와 비교할 수 없이 많은 물질을 소유하고 사회적인 지위가 높은 사람들 앞에서 자신이 위축되기도 하였습니다. 그러나 그리스도의 십자가에서 드러난 하나님의 사랑이 우리에게 나타났습니다. 그리고 성경은 우리를 '보물'이라고 불러 주었습니다(벧전 2:9).

그 하나님의 사랑을 깨닫자 우리는 비로소 뼛속 깊이 배인 모든 열등감과 근거 없는 우월감으로부터 자유로운 존재들이 되었습니다. 하나님의 이러한 은혜는 한 번 주어진 것이 아니라 날마다 그것을 누리며 살 수 있도록 주어졌습니다. 이제 우리는 세상 사람들이 가지고 있는 소유나 지위, 학식이나 외모, 남다른 재능 때문에 주눅 들지 않습니다. 우리가 하나님의 보물과 같은 존재임을 알았기 때문입니다(벧전 2:9).

세상을 사랑하지 말라

오늘날 우리 그리스도인들은 땅에 붙은 것들에 대해 생각하느라고 대부분의 시간을 보냅니다. 사도 바울이 가르친 것처럼 위를 바라보고 거룩하신 하나님을 향하여 살 마음의 여유를 갖지 못하는 것 같습니다. 구원받은 신지의 삶에 대해 성경은 말합니다. "그러므로 너희가 그리스도와 함께 다시 살리심을 받았으면 위의 것을 찾으라 거기는 그리스도께서 하나님 우편에 앉아 계시느니라"(골 3:1).

자신을 향해 이미 아낌없이 베풀어 주신 하나님의 사랑을 알지 못한 채, 이 세상에 있는 것들 속에서 하나님의 사랑의 증거를 찾는 것은 얼마나 어리석은 태도입니까?

우리는 종종 하나님께서 눈에 보이는 좋은 것들을 주셔야만 그것이 하나님께서 우리를 사랑하시는 것이라고 생각합니다. 하나님께서 인간에게 베푸시는 복에는 두 가지가 있습니다. 섭리의 복과 영적인 복입니다. 이 세상의 사물들을 움직여 우리에게 주시는 섭리의 복보다 훨씬 큰 축복이 우리의 영혼을 직접 어루만져 우리에게 주시는 영적인 복입니다 (시 106:15).

이 세상에 있는 유한한 것들에 탐닉하는 마음은 신령하고 영원한 세계를 바라보는 신자의 영적인 눈이 어두워졌음을 보여줍니다(사 40:7-8). 그가 하나님을 바라보지 못하고 스스로 자신이 하나님 앞에 보물과 같은 존재라는 정체성을 잃어버렸기 때문입니다.

이렇게 될 때 우리의 마음속에서는 다른 사람들의 영혼을 소중히 여기는 신앙도 흐릿해지게 됩니다. 그래서 사람을 하나님의 형상을 가진 고귀한 존재로 생각하는 것이 아니라 그의 사회적인 지위나 가지고 있는 재산 유무에 의하여 차별하게 됩니다(약 2:3-4). 이것은 그리스도께서 우리에게 가르쳐 주신 복음에 역행하는 행동입니다.

우리가 이 세상에서 무엇을 누린들 완전한 행복에 도달할 수 있겠습니까? 무한한 능력을 가지고 계신 하나님께서는 우리가 원하는 모든 것을 주실 수 있습니다. 그러나 하나님께서는 우리가 원하는 모든 것을 가진다고 해서 결코 행복해지지 않으리라는 사실을 잘 알고 계십니다. 그래서 때로는 우리를 시련과 고난 속에 처하게 하십니다. 거기서 우리로 하여금 하나님께만 마음을 고정하여 부르짖게 만들어 주십니다(시 5:2).

하나님께서는 시련과 고통 속에서 간절히 기도하게 하심으로 생사 간에 우리가 의지해야 할 이가 하나님 한 분이라는 사실을 깨닫게 하십니다. 간절한 기도가 응답될 때 우리는 비로소 말로만 듣던 하나님의 사랑이 얼마나 놀라운지 경험하게 됩니다(시 116:1). 그리고 자신과 함께하시는 하나님으로부터 받는 놀라운 사랑이 이 세상의 무엇과도 바꿀 수 없는 가치 있는 것임을 알게 됩니다(요일 2:15-17).

여러분은 하나님의 보물입니다

상처와 시련 속에 살았던 시인은 말합니다. "내 부모는 나를 버렸으나 여호와는 나를 영접하시리이다"(시 27:10). 아무리 많은 사람들이 우리를 버릴지라도 그리고 헤아릴 수 없는 많은 사람들에게 상처를 받았다고 할지라도 하나님의 사랑은 이 모든 것을 한 번에 보상해 줍니다.

하나님께서 우리를 높이 드셔서 당신 앞에 보석과 같은 존재로 여겨 주셨을 때, 우리는 이 모든 상처로부터 자유로운 사람들이 되었습니다. 하나님께서는 우리가 시련을 당하고 고난을 겪을 때 우리를 사랑하시기에 우리를 바위에 숨기시고 그 손으로 덮어 주셨습니다(시 27:5).

우리는 종종 우리 자신이 싫어서 버리고 싶은 때가 있지만, 하나님께서는 우리를 사랑하셔서 당신의 보물처럼 여기십니다(시 78:71, 사 43:1). 우리는 이러한 하나님의 사랑을 알고 온전한 신자가 되어야 합니다. 하나님 앞에 이렇게 보석과 같은 존재들이니 신자는 그분의 사랑을 힘입어 어두운 세상에서 진리의 말씀을 따라 살아야 합니다. 그리하여 우리의 존재 자체가 울림이 되게 하여야 합니다.

참으로 자기를 사랑하는 사람은 진정한 행복에 이르도록 자신을 사랑하지 않는 사람입니다.[40] 하나님을 사랑하는 사람이야말로 자기를 진정한 의미에서 사랑하는 사람입니다. 그렇습니다. 우리 자신이 좋은 방식대로 우리 자신을 사랑하는 것은 올바른 사랑이 아닙니다. 우리가 원하는 방식이 아니라 하나님께서 원하시는 방식대로 우리 자신을 사랑하는 것이야말로 진정으로 우리 자신을 사랑하는 것입니다.

우리 그리스도인들은 하나님의 소중한 보물입니다(벧전 2:9). 우리가 아직 죄인 되었을 때에도 우리를 보물처럼 여기셨습니다. 십자가는 하나님의 사랑에 대한 부인할 수 없는 증거입니다. 영원한 사랑이 시간과 공간 속에서 우리에게 나타났습니다. 그 사랑을 인하여 우리가 믿음으로 하나님의 자녀가 되었습니다. 그리스도께서 우리를 위하여 십자가에 죽으심으로 우리를 향한 당신의 사랑을 확증하신 것입니다(롬 5:8).

하나님께서 우리를 영원 전부터 그렇게 사랑하셨다니 놀랍지 않습니까? 그러나 그 하나님의 영원한 사랑이 우리의 인생을 움직이는 역동적인 힘이 된 것은 우리가 그 사랑을 알고 삶으로써 응답한 때부터였습니다.

교회의 지체들이 모두 내가 받은 것과 같은 사랑을 받아 함께 그리스도의 몸을 이룬 사실은 또 어떻습니까? 하나님의 사랑으로 교회의 지체들을 바라보아야 할 이유가 여기에 있습니다. 그들도 고난과 은혜, 시련과 극복의 사연을 가지고 자신의 인생을 살아왔습니다. 우리 눈에 부족해 보이는 그들 모두가 하나님 앞에 소중한 보석과 같은 존재들입니다.

이 세상 무엇에도 꺾이지 않는 신앙의 당당함을 지녀야 합니다. 그리고 우리가 어디에 있든지 거기서 우리의 존재의 울림을 세상 사람들에게 들려주어야 합니다. 그리고 우리를 그런 존재로 만드신 하나님을 증거하며 그리스도인으로서 품격 있는 삶을 살아야 합니다(벧전 2:9).

하나님께서는 우리를 사망에서 구하시려고 당신의 아들을 십자가에서 못 박으셨습니다. 우리를 그렇게 그분 앞에서 보석과 같이 소중한 존재로 삼으셨습니다. 어떠한 처지에 있든지 잊지 마십시오. 여러분은 하나님의 소중한 보물입니다.

2부

우리는 어떻게 살 것인가?

그리스도인이 된다는 것은 그리스도의 군사로서 영적 전쟁에 참여한다는 것입니다.

신학적으로 볼 때, 뱀이 아담과 하와를 유혹해 타락시킨 사건은 하나님의 창조 세계에 일어난 반란입니다. 이 반란은 지상에서 일어났으나, 그 근원은 하늘에 두고 있습니다. 이 반란은 아담 한 사람을 범죄하게 하여 타락시키는 것이 최종 목표가 아니었습니다. 최종 목표는 전 인류를 창조의 목적에서 떠나게 하여 하나님을 대적하게 하는 것이었습니다. 하나님을 떠난 인류의 역사는 대부분 그 반란군들이 계속 세력을 형성하며 인간의 자손을 반란군의 편으로 끌어들이는 과정입니다.

그런데 그 속에서 하나님께서는 당신의 백성들을 구별하고 보호하셨습니다. 반란의 세력이 광범위하게 퍼져서 이기는 것 같았으나, 하나님께서는 당신의 위대한 구속의 날을 준비하고 계셨습니다. 창세기에서부터 계속 이어져 온 성경의 역사는 하나님께서 궁극적인 승리를 거두기 위해 준비해 오신 역사입니다. 단번에 사단의 궤계를 모두 부서뜨리고 당신의 나라에 퍼진 오염을 제거해

버릴 수 있는 능력이 있으셨지만, 하나님께서는 그런 방식으로 당신의 나라가 회복되는 것을 원하지 않으셨습니다. 하나님께서는 당신의 영광을 이 세상에 드러내 보일 수 있는 위대한 구원 계획을 설계하셨고, 오묘한 경륜 가운데 그 일을 이루어 가십니다.

예수 그리스도께서 이 땅에 오신 사건은 이러한 배경을 가지고 있습니다. 정말 놀랍지 않습니까? 하늘의 사단이 뱀을 조종하여 이 세상에 죄(罪)가 들어오게 한 것처럼, 이번에는 하나님께서 당신의 아들을 사람의 몸을 입혀 이 세상에 보내심으로써 의(義)가 들어오게 하셨습니다.

전쟁의 그림으로 하나님의 나라를 설명하자면, 사단은 반역을 주도하였고 아담과 하와는 하수인의 머리였고 모든 인류는 거기에 동참한 부역자들이었습니다. 그것을 청산하기 위해서 예수 그리스도께서 토벌군의 수장으로 오셨고, 한 사람 한 사람을 예수 믿게 만드시고, 그 사람을 다시 하나님의 나라에 들어오게 하심으로써 그를 토벌군의 일원으로 세우십니다.

그런데 오늘날 많은 교회들이 예수 그리스도께서 이 세상에 오셔서 우리를 구원하셨다는 사실만 강조할 뿐, 우리가 구원받은 것은 토벌군의 일원으로 부름받은 사건이라는 사실은 강조하지 않습니다. 사실, 구원은 그리스도인이 되어 그리스도의 군사로서의 삶을 살게 되는 시작일 뿐입니다. 그러므로 구원받았다는 사실 자체에만 만족한 채 예수 그리스도의 군대의 일원으로서의 삶을 살지 않는 것은, 경주를 위해 출발 지점에 세웠으나 선수로 선발된 것에만 만족한 채 달리지 않는 것과 같습니다.

여러분은 어떤 그리스도인이십니까? 여러분이 받은 구원의 의미를 전쟁의 그림 속에서 생각합니까? 최종적인 승리를 향한 갈망을 가슴에 품고 전의를 불태우고 있습니까? 성경이 그리고 있는 그리스도인의 모습은 영적 군사입니다. "너는 그리스도 예수의 좋은 병사로 나와 함께 고난을 받으라"(딤후 2:3). "병사로 복무하는 자는 자기 생활에 얽매이는 자가 하나도 없나니 이는 병사로 모집한 자를 기쁘게 하려 함이라"(딤후 2:4).

그래서 성경은 구원받은 사실에 감격하며 거기에 안주하는 삶을 살라고 하지 않고 다음과 같이 당부합니다. "끝으로 너희가 주 안에서와 그 힘의 능력으로 강건하여지고 마귀의 간계를 능히 대적하기 위하여 하나님의 전신 갑주를 입으라 우리의 씨름은 혈과 육을 상대하는 것이 아니요 통치자들과 권세들과 이 어둠의 세상 주관자들과 하늘에 있는 악의 영들을 상대함이라 그러므로 하나님의 전신 갑주를 취하라 이는 악한 날에 너희가 능히 대적하고 모든 일을 행한 후에 서기 위함이라 그런즉 서서 진리로 너희 허리 띠를 띠고 의의 호심경을 붙이고 평안의 복음이 준비한 것으로 신을 신고 모든 것 위에 믿음의 방패를 가지고 이로써 능히 악한 자의 모든 불화살을 소멸하고 구원의 투구와 성령의 검 곧 하나님의 말씀을 가지라 모든 기도와 간구를 하되 항상 성령 안에서 기도하고 이를 위하여 깨어 구하기를 항상 힘쓰며 여러 성도를 위하여 구하라"(엡 6:10-18).

 우리는 그동안 달콤한 기독교, 유약한 기독교, 소비 중심의 기독교, 자기 만족적인 기독교에 익숙해졌습니다. 그러나 그것은 진짜 기독교가 아닙니다. 군사로 부름받았으나 영적 전쟁터로 달려 나가 싸우기는 싫은 우리의 이기심이 만들어 낸 변질된 기독교입니다.

구원은 그 자체로 소명입니다. 하나님 나라의 군사로서 사단의 반란군을 궤멸시켜야 할 소명이 구원과 함께 주어진 것입니다.

그런데 너무나 많은 그리스도인이 하나님 나라의 군사로서의 소명 의식 없이 살고 있습니다. 전황에 관심 없는 군인이 대부분인 것입니다.

기원전 327년 늦은 봄, 알렉산드로스 대왕(Alexandros III, BC 356-BC 323)이 페르시아를 정복한 후 인도로 진격할 때였습니다. 행군을 시작했으나, 그의 부대는 생각처럼 용맹스럽게 전진하지 못했습니다. 왜 이렇게 움직임이 둔해졌는지를 고민하던 알렉산드로스의 눈에 수많은 전리품들을 무겁게 실은 수레들이 들어왔습니다.

그날 새벽, 알렉산드로스는 자신과 측근들의 짐수레를 불살라 버렸습니다. 그리고 그를 따르는 마케도니아 군사들을 향하여 외쳤습니다. "이 노획물들로 인해 우리가 힘없이 행군하는 것이다! 전투에 집중하지 못하게 하는 모든 탐욕을 버려라! 나와 함께 인도를 정복하러 가고자 하는 이는 자신의 수레를 불태워라!"

이때 일어난 일을 플루타르코스(Plutarchos, 46경-120경)는 이렇게 기록합니다. "그러자 그런 일은 결행하기보다 계획하는 것이 더 위대하고 힘들다는 것이 입증되었다. 왜냐하면 소수의 병사들만이 분개할 뿐 대부분의 병사들은 환성을 올리며 필수품은 그것이 필요한 사람들과 나누어 갖고 남는 것은 손수 불태우거나 부숴 버렸기 때문이다. 그들을 보자 알렉산드로스는 열의와 자신감에 넘쳤다."[41]

구원받았으나 전의를 잃어버린 채 살고 계십니까? 하나님의 나라의 위대한 승리보다는 당장의 만족과 유익이 더 중요합니까?

겨우 명목상의 그리스도인으로 살라고 예수 그리스도께서 이 세상에 내려와 십자가에서 못 박혀 죽으신 것이 아닙니다. 하나님께서는 우리를 구원하실 때 우리를 통해 성취되어질 하나님 나라의 위대한 승리를 전망하셨습니다. 그리고 그 승리는 치열한 영적 전투를 통해 획득됩니다. 기억하십시오. 전쟁에 대해 잘 안다고 해서, 전사의 삶을 사는 것은 아닙니다. 군인이 어떤 존재인지 잘 아는 것과 군인으로서의 삶을 살아가는 것은 완전히 다른 일입니다.

1부에서 우리는 그리스도인이 누구인지에 대해 생각해 보았습니다. 그러나 그리스도인이 누구인지를 아는 것만으로는 부족합니다. 실제로 그리스도인답게 살아가야 합니다.

그리스 중동부에 위치한 테르모필라이에 가면 해발 15m 남짓 되는 낮은 언덕이 하나 있습니다. 영화『300』으로 유명해진 이 콜로노스 언덕은 스파르타의 왕 레오니다스(Leonidas I, BC 540경–BC 480)와 300명의 전사가 페르시아 대군과 격전을 벌였던 장소입니다. 스파르타의 전사 300명은 그리스 연합군과 함께 300만 페르시아 대군에 맞서 무려 7일 동안 저항하다 모두 장렬히 전사하였습니다. 후퇴를 몰랐던 그들은 무기가 부서져 산산조각이 날 때까지 싸웠고, 무기가 부서지자 맨손과 이빨로 치열한 전투를 펼쳤습니다.[42] 결국 단 한 명도 살아남지 못하였으나 그들의 끈질긴 저항 덕에 후방에 있던 군대가 전열을 정비하고 전투에 임할 수 있었습니다. 그리고 그 결과, 그리스 연합군은 살라미스 해전에서 대승을 거두게 되고, 이 패배를 기점으로 페르시아는 멸망의 길로 접어들게 되었습니다.

지금도 콜로노스 언덕에는 아주 오래된 비석이 하나 있습니다. 그리고 그 비석에는 이런 비문이 남아 있습니다. "지나가는 나그네들이여, 스파르타에 가면 전해 주오. 우리는 스파르타인답게 싸웠고, 그리하여 여기 이렇게 묻혔노라고……."

가장 강한 군대는 무엇을 위해 싸우고 있는가를 아는 군대입니다. 왜 싸워야 하는지를 분명하게 아는 것만큼, 전의에 불타게 하는 것은 없기 때문입니다. 그러므로 가장 그리스도인다운 삶은 하나님 나라의 군사로서 이 세상에 하나님 나라가 완전하고도 영원하게 실현되는 것을 갈망하며 죄의 세력과 죽기까지 싸우며 살아가는 것입니다.

기억하십시오. 우리의 존재와 인생의 진정한 의미는 하나님 나라의 군사로서 그 영원한 승리를 갈망하며 살아가는 가운데 비로소 발견됩니다. 그래서 사도 베드로는 하나님께서 우리를 구원하사 그리스도인이 되게 하신 이유를 다음과 같이 말합니다. "이는 너희를 어두운 데서 불러내어 그의 기이한 빛에 들어가게 하신 이의 아름다운 덕을 선포하게 하려 하심이라"(벧전 2:9).

그리스도 예수는 온 인류에게 빛이시며, 존재의 울림은 이 빛을 담지한 사람들에게서 나옵니다. 이들의 존재의 울림은 세상 사람들에게 세상이 전부가 아니라는 인식을 갖게 합니다. 그러므로 우리 안에 충만한 복음 진리의 빛이 우리로 하여금 단정한 삶을 살도록 하십시오. 그리하여 믿지 아니하는 세상 사람들에게 그 빛이 전해지도록 하십시오.

5장

빛 가운데 행하라

하나님의 자녀는 하나님에게서 기쁨을 찾습니다(시 9:2). 만약 하나님의 자녀가 하나님이 아닌 다른 곳에서 기쁨을 찾으려 한다면, 그것은 그의 마음이 변질된 것을 보여줍니다.

이따금씩 우리는 세상에 있는 것들 때문에 기뻐하기도 합니다. 그것도 어느 정도는 하나님께서 허락하시는 기쁨입니다(신 27:7, 잠 5:18 참고). 그러나 하나님의 자녀는 그것을 섭리로써 이해할 수 있어야 합니다. 하나님께서 세상 일을 우리가 원하는 질서대로 돌아가게 하실 때, 형통한 상황 자체를 즐거워하는 대신에 그렇게 일하시는 하나님을 기뻐해야 합니다(전 2:26, 시 63:11 참고).

마치 성숙한 자녀들이 부모가 주는 작은 선물을 받고 그 선물의 가치보다도 부모님의 마음을 읽으며 기뻐하는 것처럼 하나님을 기뻐하는 것이 우리의 힘입니다(느 8:10).

구원의 은혜에 어울리는 삶

우리는 하나님으로부터 구원을 값없이 선물로 받았습니다(엡 2:8). 그러나 하나님께서는 그 선물을 위해 무한한 값을 치르셨습니다. 우리를 대신해서 아들을 십자가 형벌에 내어 주신 것입니다. 단지 죄를 대속(代贖)하셨을 뿐 아니라, 그리스도와의 영적 연합 안에서 살게 해주셨습니다. 그 연합 안에서 우리는 사랑과 생명을 공급받습니다(롬 5:18, 6:4).

구원은 우리가 인생 가운데 누릴 수 있는 최고로 값진 선물일 뿐만 아니라(엡 2:8), 어제나 오늘이나 내일도 그리스도인의 가장 큰 자랑이요 기쁨입니다(갈 6:14).

그리스도인이 이러한 구원의 감격을 현재적으로 유지하며 사는 것은 너무나 중요합니다(롬 14:8). 왜냐하면 신자의 모든 거룩한 생활의 동기가 십자가를 통해 입증된 하나님의 사랑에 뿌리박고 있어야 하기 때문입니다(롬 5:8). 이를 위하여 우리는 하나님께서 이미 우리를 위해 행하신 위대한 구원 행동을 숙고하고 거기에서 나타난 하나님의 성품들에 정동(情動)되어야 합니다(시 34:8, 눅 24:32). 그렇게 함으로써 우리는 하나님께서 우리를 구원하신 계획을 따라 온전히 순종하는 삶을 살 수 있습니다. 우리가 순종하는 것은 두려움과 탐욕 때문이 아닙니다. 하나님에 대한 사랑으로써 그분의 뜻에 온전히 합치하는 삶을 살고 싶기 때문입니다.

오늘날 조국교회의 많은 신자들이 구원의 감격을 잃어버린 채 살아가고 있습니다. 그리스도께서 자신들을 위해서 십자가에서 죽으신 사건의 신학적 의미를 현재적으로 경험하고 있지 않기 때문입니다. 한때는 그런 감격과 경험이 있었지만, 지금은 그것들이 사라졌기 때문입니다.

신자가 구원의 감격을 유지하면서 살기 위해서는 두 가지가 필요합니다. 첫째로는 현재적으로 은혜를 받아야 합니다(엡 3:7, 골 1:23, 살전 2:13). 둘째로는 실제적으로 순종하며 살아야 합니다(롬 6:17). 그런데 오늘날 이 두 가지 모두 제대로 이루어지지 않고 있습니다. 먼저 교회는 참된 복음과 교리들을 선포하고 가르칠 뿐 아니라, 성도들이 성령의 은혜 안에서 살게 해주어야 합니다.

교회는 단지 건물이나 시설과 같은 하드웨어(hardware)나 조직이나 프로그램과 같은 소프트웨어(software)에 의해 거룩한 운영의 성패가 좌우되지 않습니다. 교회를 참으로 교회가 되게 하고, 신자를 참으로 사람이 되게 하는 것은 그 이상의 무엇입니다. 이것을 저는 '스피릿웨어'(spiritware)라고 부릅니다.

잠자던 교회를 깨워 하나님의 영광을 위해 살게 하는 것은 무엇입니까? 죽은 자와 방불한 신자들로 하여금 하나님을 뜨겁게 사랑하도록 만들어 주는 것은 무엇입니까? 그것은 세상의 지혜로운 사람들이 이해할 수 없는 영적 세계에 속한 것들입니다(요 3:6, 행 28:26, 고전 2:11).

교회는 순수한 말씀과 성령의 역사 안에서, 성도들이 이 은혜를 누리며 살도록 돌보아야 합니다. 또한 그리스도인들은 이 은혜 안에서 실제적으로 순종의 삶을 살아가야 합니다(롬 1:5, 6:17). 순종하는 삶은 언제나 희생을 요구합니다. 왜냐하면 신자의 분투하는 삶은 하나님을 거스르고자 하는 세상 안에서 살아가는 현실이기 때문입니다. 하나님께서는 당신께 순종하는 사람들에게 성령을 주셔서 더욱 온전한 삶을 살게 하십니다(행 5:32).

오늘날 구원에 관한 치우친 견해는 신자로 하여금 이러한 삶을 살지 못하도록 방해합니다. 그것은 바로 구원의 개인적인 측면만을 구원의 전부라고 생각하는 것입니다. 이것은 서구의 자본주의와 개인주의의 영향을 보여줍니다. 이것은 구원의 공동체성에 관한 성도들의 이해를 삼켜 버렸습니다.

여러분의 신앙의 관심사는 무엇입니까? 너무나 개인적이지 않습니까? 하나님께서 세상을 창조하신 계획도, 우리를 구원하시고 세계를 완성하시는 경륜에도 관심이 없습니다. 오직 자기의 구원과 번영에만 관심을 갖습니다. 그러나 그런 태도는 복음의 가르침과는 거리가 먼 것입니다.

오히려 우리는 이것을 기억해야 합니다. 한 사람이 예수님을 믿고 구원을 얻은 것은 한 죄인이 예수 그리스도의 은혜로 그분의 몸 된 공동체로 접붙여진 사건입니다.

교회는 그리스도의 생명을 공동체로서 누립니다. 그 생명의 은혜 안에는 하나님 나라의 완성을 위한 공동체적 소명이 내포되어 있습니다. 결국 신자는 그 소명을 이루는 일에 분투하도록 교회 공동체 속으로 부름받은 것입니다(고전 12:12, 엡 4:4).

하나님의 나라를 위한 소명은 신자 개인의 선택 사항이 아닙니다. 그가 죽는 순간까지도 사라지지 않을 그 소명은 그리스도의 몸인 교회의 한 지체가 된 모든 신자들의 운명입니다. 신자는 세계와 자신의 인생을 이 관점에서 바라보아야 합니다. 하나님의 자녀로 부름받는 순간 우리는 이 땅에 이미 임하였으나 아직은 완전히 이루어지지 않은 그럼에도 불구하고 종말에 반드시 도래하게 될 하나님의 나라를 위하여 살아가도록 부름받았습니다(살후 1:5).

이것을 분명하게 인식하고 있을 때, 그리스도인은 자신을 구원하신 하나님의 뜻이 무엇인지 알고 그 뜻을 따라 살아갈 수 있게 됩니다(롬 12:2, 빌 1:10). 더불어 이 세상을 온전히 회복시키고자 하시는 하나님의 경륜에 비추어 그리스도의 교회를 세우신 원리를 알아야 합니다. 하나님께서 교회를 세우신 계획과 자신의 구원의 목적이 어떻게 연관되어 있는지를 이해하며 살아야 합니다(엡 3:2, 9).

우리가 구원의 의미를 올바르게 이해할 때, 비로소 하나님과 세계와 다른 사람들과 어떻게 올바른 관계를 맺으며 살 수 있는지에 대한 답을 얻을 수 있습니다. 그리스도인의 존재의 울림은 바로 이 질서 잡힌 삶으로부터 나옵니다. 신자는 질서 안에서 선한 삶을 살도록 부름받았기 때문입니다(엡 2:10). 그 질서는 이 세상 사람들이 이성만으로는 받아들일 수 없는 질서입니다. 그러나 신자는 그 질서 안에서 하나님의 나라와 그분의 영광을 위해 살아갈 때 존재의 울림을 갖습니다.

결국 신자의 삶과 삶의 방식은 이 세상 사람들의 그것과 다를 수밖에 없습니다. 그것을 통해서 우리는 이 세상 사람들에게 그들이 알지 못하는 또 다른 삶의 질서가 있다는 사실을 들려줄 수 있습니다. 더욱이 우리가 그 다른 질서 안에서 행복한 삶을 누리며 기쁨의 삶을 살아갈 때 세상 사람들은 우리에게서 장중한 존재의 울림을 경험하게 됩니다.

우리에게 행하신 일

하나님의 나라를 위한 우리의 역할에 대한 강조는 신학적 균형을 요구합니다. 하나님께서 우리를 그 일을 위해 부르셨지만, 그 나라의 완성이 우리 손에 달려 있는 것처럼 생각해서는 안 됩니다.

하나님의 나라는 하나님 자신에 의해 도입되었고, 최종적인 완성도 오로지 하나님에 의해서 이루어질 것입니다. 다만 그 최종적 완성에 이르기까지 하나님께서는 그 나라의 통치를 이 땅에 실현하심에 당신의 자녀들이 참여하게 하셨습니다(고후 1:7, 벧전 4:13, 5:1).

신자인 그리스도인들은 구원의 의미를 알고 감사함으로 이 일에 참여합니다. 하나님께서는 당신이 주신 사명을 따라 순종하는 신자들에게 은혜와 사랑을 부어 주셔서 이 일을 감당하게 하십니다(행 13:43, 20:32 참고).

사도 베드로는 하나님의 나라를 완성해 가시는 하나님의 방법에 대하여 다음과 같이 말합니다. "이는 너희를 어두운 데서 불러내어 그의 기이한 빛에 들어가게 하신 이의 아름다운 덕을 선포하게 하려 하심이라"(벧전 2:9).

우리가 예수 그리스도의 아름다운 덕을 선포하는 것이 하나님의 나라를 완성해 가는 하나님의 방법입니다. 그런데 사도 베드로는 우리의 그 사명을 선언하기에 앞서 예수 그리스도께서 우리를 위해 행하신 일들을 언급합니다. 죄와 사망의 지배 아래 있던 우리를 구원하여 은혜와 생명의 통치 가운데로 불러주신 일을 상기시키고 있는 것입니다. 사도 베드로가 이것을 언급한 이유는 우리로 하여금 구원받은 신자가 누구인지를 생각나게 하기 위함이었습니다. 그리하여 우리가 다시 한 번 하나님의 나라를 위한 소명에 불타오르게 하기 위함이었습니다.

어둠에서 불러냄

사도는 우리가 어두운 데서 불러냄을 받은 사람들임을 지적합니다(벧전 2:9). 여기에는 우리의 눈길을 끄는 단어가 있습니다. '어두운 데'라고 번역된 단어 스코투스(σκότους)입니다. 이 단어의 원형인 스코토스(σκότος)는 성경에서 '어둠', '흑암'을 가리킵니다(마 4:16, 6:23, 벧후 2:17).[43]

유사한 의미를 갖는 다른 많은 단어들에 비해 스코토스는 유독 폭넓은 의미로 사용되었습니다. 스코토스는 '빛이 없는 물리적인 어둠', '신령한 뜻을 깨닫지 못하는 영적인 어둠', '지성이 부족해서 사물을 이해하지 못하는 지적 어둠'을 말할 때 모두 아울러 쓰였으며, '징벌로서의 어둠', 때로는 '어둠 속에 있는 자'를 가리키는 데 쓰이기도 하였습니다(마 15:33, 엡 5:8, 골 1:13). 우리는 한때 어둠이었습니다(엡 5:8). 우리는 이런 정신적이고 영적인 어둠을 운명처럼 받아들였을 뿐만 아니라, 다른 사람들의 마음을 어둡게 하는 것을 부끄럽게 생각하지 않았습니다. 그런데 하나님께서 큰 능력으로 우리를 그 어둠에서 불러내 주셨습니다. 복음의 진리를 깨달음으로 영원한 빛을 받게 하셨고, 우리를 빛 가운데 살게 하셨습니다(요 12:46, 행 13:47). 이 얼마나 놀라운 일입니까! 하나님께서 우리를 보물과 같이 여기신다는 놀라운 증거가 아니고 무엇입니까?

하나님께서 우리를 불러내 주시기 전, 우리를 에워싸고 있던 어둠은 크게 다음과 같이 나누어서 생각해 볼 수 있습니다.

지성적 어둠

첫째로, 지성적 어둠(intellectual darkness)입니다. 하나님께서는 우리를 구원하심으로써 지성적 어둠에서 빛으로 불러내 주셨습니다. "그러므로 때가 이르기 전 곧 주께서 오시기까지 아무것도 판단하지 말라 그가 어둠에 감추인 것들을 드러내고 마음의 뜻을 나타내시리니 그때에 각 사람에게 하나님으로부터 칭찬이 있으리라"(고전 4:5).

베드로전서의 수신자들은 한때 하나님에 대해 무지했던 이방인이었습니다. 지금 그 편지를 다시 읽고 있는 우리 역시 그들과 마찬가지로 구원받기 전까지 지성적으로 어둠에 갇혀 있던 사람들이었습니다.

우리는 무지 속에서 살았기에 자신이 누구인지, 이 세계의 존재의 의미가 무엇인지를 올바로 알지 못하였습니다. 설령 우리가 부분적으로는 아는 것이 있었다고 할지라도 그것은 무지와 편견을 씨줄과 날줄 삼아 직조된 엉성한 세계관일 뿐이었습니다(마 7:26 참고).

우리 중 어떤 사람은 지극히 자의적이고 인본주의적인 세계관을 붙들고 자기 나름의 사상을 따라 소신 있게 살아왔지만, 그것은 하나님을 모르는 무지 위에 자기 마음대로 사는 고집을 더한 것이었습니다(렘 8:5 참고). 그러한 인생관들은 우리를 참 인간으로 살게 하기에 충분하지 않았습니다. 또한 우리로 하여금 이 세상과 올바른 관계를 맺게 하기에도 부족하였습니다. 우리 자신이 참으로 행복하고 우리와 관계를 맺는 사람들도 행복하게 하는 삶을 살 수 없었습니다. 만일 그것이 가능했다면 우리가 그것들을 버리고 예수님을 믿었을 리 없습니다.

어느 날 우리는 자신의 힘으로는 도저히 인간답게 살 수 없다는 사실을 깨달았습니다. 이 세계와는 물론 다른 사람들, 심지어 자신과도 올바른 관계를 맺으며 살 수 없다는 결론에 이르게 되었습니다. 하나님 없이 독립된 인간으로 사는 것이 행복하지 않다는 사실을 깨달았습니다. 그때 복음이 우리에게 들려왔습니다. 예수 그리스도께서 우리를 위해서 죽으시고 다시 사셨다는 사실을 깨닫게 되었습니다. 복음은 우리에게 인간이 겪는 불행의 궁극적인 원인은 죄임을 가르쳐 주었습니다 (롬 3:23, 5:15).

성경은 예수 그리스도께서 십자가에게 죽으신 것은 바로 우리를 불행히게 하는 궁극적 원인인 죄로부터 우리를 구원하기 위한 것이었음을 가르쳐 주었습니다. 우리는 복음을 받아들여 죄를 회개하고 그리스도를 믿게 되었습니다. 그러자 우리의 지성에는 어둠이 물러나고 찬란한 진리의 빛이 들어왔습니다 (고후 4:6).

우리는 이전에는 믿을 수 없었던 하나님을 믿게 되었고, 이성으로는 알 수 없던 초월적인 세계에 대해서 눈을 뜨게 되었습니다. 성경이 하나님의 말씀이라는 확신이 함께 생겼습니다 (요 2:22). 세계와 인간에 대해 다시 알게 되었습니다. 하늘로 솟구쳐 상승함으로 진리이신 하나님을 뵈온 우리의 지성은 다시 하강함으로써 자신과 세계, 이웃의 존재 의미를 새롭게 깨닫게 된 것입니다 (엡 1:9, 골 2:2 참고).[44]

우리의 지성에 어둠이 물러가고 밝은 빛이 들어왔습니다. 우리는 하나님의 살아 계심을 확신하게 되었습니다. 그리고 예수 그리스도의 십자가 앞에서 하나님의 사랑이 얼마나 놀라운지를 알게 되었습니다. 하나님께서 여기까지 우리를 인도하시기 위해서 이미 만세 전에 우리를 택하셨다는 사실도 깨닫게 되었습니다(롬 9:11, 골 1:26).

우리는 매 순간 하나님의 선하심을 의지하는 것이 소망임을 알았습니다. 또한 하나님 아버지는 당신을 의지하는 사람들을 결코 버리지 않으시리라는 믿음이 생겼습니다(히 13:5). 물론 우리가 알게 된 것은 하나님의 무한한 지혜의 아주 일부분이었습니다.

우리가 성경을 통해서 알고 있는 그리스도에 관한 지식도 마치 거울과 같습니다(고전 13:12). 그러나 그리스도를 통해 깨닫게 된 지식이 우리 인생에 가져온 변화는 실로 놀라운 것이었습니다. 비록 우리가 하나님의 위대한 경륜을 다 알지는 못하지만, 이미 우리에게 있는 복음 지식은 하나님을 의지하며 살아가기에 충분한 빛입니다.

더욱이 우리는 매일 하나님의 말씀과 교리를 배움으로써 우리의 지성이 어둠을 벗어나 찬란한 진리의 빛으로 나아갑니다. 우리는 매일 진리와 성령 안에서 살아가기를 힘씁니다. 그리하여 지식과 사랑 안에서 자라 갑니다. 하나님께서 기뻐하시는 존재가 됨으로써 존재의 울림을 들려줄 수 있게 됩니다.

영적 어둠

둘째로, 영적 어둠(spiritual darkness)입니다(행 26:18, 고후 4:4). 하나님께서는 우리를 영적인 어둠에서 불러내 주셨습니다. 영적인 어둠과 지성적인 어둠은 동전의 양면과 같습니다. 영적인 어둠은 지성적인 어둠보다 본질적입니다. 하나님께서는 우리를 영적인 어둠에서 불러내어 아들의 나라로 들어가게 해주셨습니다(골 1:13). 그래서 우리의 지성은 성경을 통해 하나님을 아는 지식을 갖게 되었습니다.

우리가 어떤 사물을 아는 것은 대부분 경험을 통해서입니다. 우리의 감각기관은 보고 듣고 만지고 맛보고 냄새를 맡음으로 사물에 대한 정보를 획득합니다. 그렇게 쌓인 수많은 정보들은 체계적으로 기억 속에 저장되고 구분되어 축적됩니다. 그리고 그것을 기반으로 우리는 새롭게 만나는 사물들과 현상들에 대해 그것이 무엇인지 판단하게 됩니다.

그러나 육체의 감각으로는 정보를 얻어 축적할 수 없는 신령한 세계가 있습니다. 삼위일체 하나님, 그분의 거룩하심에 대해서 감각기관으로는 파악할 수 없습니다. 우리의 이성적인 작용까지 모두 동원한다고 할지라도 우리는 깨달을 수 없습니다.

더욱이 죄로 말미암아 멸망받을 처지에 놓친 인간의 운명, 예수 그리스도의 보혈로 말미암는 구원 같은 것은 인간 이성의 사고로는 이해할 수 없습니다(고전 1:21).

하나님께서는 이런 처지에 있던 우리를 영적인 어둠에서 건져 내어 빛으로 불러 주셨습니다. 그 놀라운 일이 있기 전까지 우리가 어떠했는지에 대해 성경은 다음과 같이 말합니다. "그 중에 이 세상의 신이 믿지 아니하는 자들의 마음을 혼미하게 하여 그리스도의 영광의 복음의 광채가 비치지 못하게 함이니 그리스도는 하나님의 형상이니라"(고후 4:4).

영적인 어둠이 복음의 광채를 가로막고 있는 한, 아무리 인간 지성에 진리의 빛이 비친다고 할지라도 영적인 이해에 도달할 수는 없습니다. 거듭나지 못한 자연인이 영적인 세계에 무지할 수밖에 없는 이유가 이 때문입니다(요 3:8, 고전 2:11 참고). 영적인 세계에 대한 지식이라고 해봐야 고작 귀신들의 이야기나 공상 속에 나오는 영들의 세계에 대한 막연한 인상이 그들이 가진 지식의 전부입니다.

그들이 하나님이 살아 계시다는 사실을 어렴풋이 느낀다고 할지라도 하나님이 누구신지를 바르게 아는 것은 불가능합니다(행 1:17, 요 14:6). 더욱이 하나님의 사랑, 그분의 영광과 은혜에 대해서 아는 것은 가능하지 않습니다. 또한 막연하게 자신의 죄에 대해 자각한다고 할지라도 양심의 가책을 갖게 될 뿐입니다. 하나님 앞에서 자신의 죄를 깨닫고 통절한 회개에 이르는 것도 불가능합니다(롬 10:14).

비유하자면 이렇습니다. 시각 장애인 가운데서도 시신경이 살아 있는 사람들이 있습니다. 그들은 밝은 장소에서는 빛이 뿌옇게 비치는 것을 느끼고 어두운 집안으로 들어가면 어두워지는 것을 느낍니다. 사물들이 움직일 때 그림자를 지각하기도 합니다(막 8:24). 마찬가지로 우리는 회심하기 이전에 영적인 것들에 대해서 완전히 무감각하지는 않았지만, 영적인 사실들을 분별할 수 있는 능력이 없었습니다. 그런데 하나님께서 우리에게 찬란한 영광의 빛을 비추셔서 영적인 어둠이 물러가도록 해주셨습니다. 말하자면 신령한 개안 수술을 받은 것입니다(요 9:39 참고).

우리의 지성도 하나님을 향하여 살기 위해 합당한 지식들을 얻을 수 있게 되었습니다. 그리고 획득한 지식들이 끊임없는 기도와 성화의 과정 속에서 사랑과 함께 자라게 해주셨습니다(벧후 3:18).

이러한 관점에서 본다면, 한 사람이 예수 그리스도를 믿고 신자가 된다는 것은 놀라운 사건입니다. 개인적으로 영적인 어둠 속에서 불러내어 기이한 빛으로 들어가게 하신 것은 우주적으로 천지창조와 같은 사건입니다(창 1:3, 엡 1:8 참고).

하나님께서는 세상을 창조하시기 전에 먼저 질료를 만드셨습니다. 비유하자면, 여러 종류의 빵을 만들기 위해 먼저 밀가루 반죽 덩어리를 만드신 것입니다. 그 질료의 상태가 바로 창세기 1장 2절에 묘사되어 있습니다. "땅이 혼돈하고 공허하며 흑암이 깊음 위에 있고 하나님의 영은 수면 위에 운행하시니라"(창 1:2).

그리고 첫 번째로 창조하신 것이 바로 빛이었습니다. "하나님이 이르시되 빛이 있으라 하시니 빛이 있었고"(창 1:3). 빛은 이미 창조된 질료의 상태로부터 빚어진 최초의 사물이었습니다.

인간을 구원하시는 하나님의 사역에 있어서도 유사한 순서가 있습니다. 하나님께서 어둠 속에 있는 영혼에게 제일 먼저 하신 일은 영적인 빛을 주시는 것이었습니다. 그것이 바로 죄인을 향한 구원 사역의 시작이었습니다(눅 1:79, 요일 2:9 참고). 이 영적인 빛으로 말미암아 하나님의 존재와 신령한 세계에 대해 알 수 있게 된 것입니다. 그 빛은 불완전한 우리로 하여금 하나님을 의지하며 믿음으로 살게 합니다. 신자가 경험하는 구원이 하나님의 재창조 사역이라는 사실을 강조합니다. "이전 것은 지나갔으니 보라 새것이 되었도다"(고후 5:17).

이 말씀의 가장 우선적인 의미는 구원받은 신자의 변화된 도덕적 상태를 가리키는 것이 아닙니다. 오히려 그가 영적인 어둠에서 벗어나 기이한 빛의 나라로 옮겨지게 된 것을 지적하는 것입니다(행 26:18). 이전에 그는 영적인 어둠 속에서 육체의 원리를 따라 죄의 법 아래서 살던 사람이었지만, 이제는 진리의 빛 안에서 영혼의 원리를 따라 생명과 성령의 법 아래서 사는 사람이 되었음을 보여주는 것입니다(롬 8:2).

도덕적 어둠

셋째로, 도덕적 어둠(moral darkness)입니다(롬 3:12, 엡 5:11). 하나님께서는 우리를 도덕적인 어둠에서 불러내 주셨습니다. 도덕적인 어둠 역시 영적인 어둠, 지성적인 어둠과 밀접하게 관련되어 있습니다. 도덕적 어둠은 영적인 어둠과 지성적인 어둠으로 말미암아 생겨나는 윤리적인 어둠입니다.

영적인 어둠은 인간으로 하여금 모든 사상에 하나님이 없다고 생각하게 합니다(시 10:4). 그리하여 자신을 주인 삼으며 살고 싶어 하게 합니다. 여기서 도덕 생활의 부패가 초래됩니다.

하나님이 없다고 생각하는 사람일수록 어둠의 행실들을 일삼게 됩니다(시 10:4). 그러나 이 말이 곧 유신론자들이 무신론자들보다 항상 도덕적으로 우월하다는 의미는 아닙니다.

하나님께서는 모든 인간에게 도덕에 대한 공통 감각(common sense)을 주셔서 일반은총 속에서 일정한 질서를 따라 살게 하십니다. 만약 도덕적으로 부패한 사람이 하나님이 존재하지 않는다고 확신한다면 더욱 어둠의 행실을 따라 살 것입니다.

성경은 도덕적 어둠에 대한 사랑이 진리를 거절한 이유라고 말합니다. "그 정죄는 이것이니 곧 빛이 세상에 왔으되 사람들이 자기 행위가 악하므로 빛보다 어둠을 더 사랑한 것이니라"(요 3:19).

왜 사람들은 빛이신 예수 그리스도를 미워하였습니까? 예수 그리스도께서 진리의 말씀을 선포하셨을 때, 그들이 받아들이지 않았던 이유는 무엇이었습니까? 그 진리가 자신들에게 만족을 주던 행위를 악하다고 판단했기 때문입니다. 오히려 진리를 거스른 그들의 행위가 훨씬 큰 만족을 주었기 때문입니다(요 8:40, 44).

그리스도 예수의 가르침을 따르면 자신들의 행위는 정죄를 받아야 마땅했습니다. 사람들은 도덕적으로 어둠을 더 사랑하였기에 거룩한 삶을 요구하는 예수 그리스도의 가르침을 싫어했습니다(롬 8:5-7).

성경에는 그리스도인의 바람직한 삶을 묘사하는 단어가 나옵니다. 그것은 바로 '단정하다.'라는 표현입니다. "낮에와 같이 단정히 행하고 방탕하거나 술 취하지 말며 음란하거나 호색하지 말며 다투거나 시기하지 말고"(롬 13:13). 여기서 '단정하다.'라는 것은 '예쁘다.'라는 의미가 아닙니다. 값비싼 옷을 입고 장신구를 해서 이목을 끄는 여자가 예쁘지만 단정하지 않을 수 있습니다. '단정하다.'라는 말은 외모와 옷차림새에 질서가 잡혀 있고 도덕적으로 순수한 인상을 줄 때 쓰는 말입니다.

사도 바울이 말하는 단정함은 곧 하나님을 아는 지식으로 질서가 잡힌 신자의 삶을 뜻합니다. 하나님과 자연 세계, 이웃을 향하여 인간이 마땅히 정위(定位)하여야 할 자리에 있어서 자신에게 주어진 본분을 따라서 도덕적으로 선하게 사는 상태를 가리킵니다(살전 4:12, 딤전 2:2).

다시 말해서 단정한 신자에게는 사상과 윤리의 질서가 있습니다. 그것을 감당하게 하는 마음의 질서가 있습니다.

그는 그 질서 아래서 하나님과 인간 그리고 세계에 관한 지식을 갖고 있습니다. 자신의 삶으로써 그 질서를 따라서 사랑할 것은 사랑하고 사용할 것은 사용합니다. 또한 신자는 도달할 궁극적 목적과 거기에 도달하기 위한 수단으로서의 목표를 구분할 줄 압니다. 그리스도인은 이러한 질서 속에서 단정한 삶을 살아감으로써 이 세상을 향해 존재의 울림이 있는 사람이 됩니다.

빛으로 들어가게 함

하나님께서 우리를 어두운 데서 불러내신 것은 빛으로 들어가게 하기 위해서였습니다(벧전 2:9). 우리말 성경에서 '그의 기이한 빛에'라고 번역된 부분의 헬라어 원문은 에이스 토 다우마스톤 아우투 포스(εἰς τὸ θαυμαστὸν αὐτοῦ φῶς)입니다. 직역하자면 '그의 놀라운 빛 속으로'입니다.

이 빛은 우선적으로 '그리스도의 영광의 빛'을 의미합니다(요 1:9). 그 빛은 진리의 빛이며, 지성적이요, 영적인 어둠 그리고 도덕적 어둠과 대조되는 빛입니다(요 3:21). 그 빛은 그리스도로 말미암아 이 세상에, 신자의 마음 안에 도입됩니다(요 12:46).

사람이 산다는 것은 단지 먹고 마시며 생존하는 것이 아닙니다. 육체의 목숨이 붙어 있다고 해서 모두 살아 있는 것은 아닙니다. 인간이 산다는 것은 그리스도와 함께 자신이 스스로 삶의 주체가 되어 살아가는 것입니다. 그리하여 그가 하나님께서 뜻하신 삶을 영위해 나가는 것입니다. 여기에 인간의 존엄과 가치가 있습니다.

이 빛은 우리에게 생명입니다(요 1:4). 이 빛 때문에 어둠이 물러갔고 하나님을 알게 되었기 때문입니다. 이 빛을 받은 사람이어야 비로소 하나님께서 왜 세계를 창조하셨는지, 우리가 무엇을 위하여 살아야 하는지에 대해 대답을 가질 수 있습니다. 그래서 이 빛의 비추임을 받은 사람은 곧 현자(賢者)입니다(고전 3:18 참고).[45]

한 사람이 그리스도인이 된 표지(標識)에 대해서 생각해 보십시오. 어떤 사람이 정통 신앙을 버리고 이단에 빠졌다고 판단하기 위해서는 그가 이단자가 된 분명한 표가 있어야 합니다(갈 5:20). 마찬가지로 그리스도인들에게도 그리스도인이라고 하는 확실한 어떤 증거가 있어야 합니다. 그 증거가 바로 그리스도인의 표지입니다. 하나님과의 관계 안에서 하나님의 지혜의 빛을 가진 선한 사람이 되는 것입니다(빌 2:15).

사도 바울의 소명이 무엇이었습니까? 그 자신이 어둠에서 빛으로 나아온 사람으로서 인간을 구원하신 하나님의 위대한 지혜를 선포하는 것이었습니다(행 26:22-23).

클레멘스 1서라는 외경(外經, apocrypha)에는 다음과 같은 그리스도인들의 자기 고백이 나옵니다. "그분을 통해 우리 마음의 눈이 열립니다. 그분을 통해 우리의 어리석고 어두운 지성이 빛 가운데로 활짝 피어납니다"(36:2).[46] 구원받은 그리스도인들에게는 이러한 총명의 개화(開化)가 있습니다. 그리스도인은 그 빛으로 말미암아 새로운 지혜를 얻고 그 지혜를 바탕으로 새로운 삶을 살아가는 사람이기 때문입니다. 또한 바나바서라는 외경에도 이러한 언급이 나옵니다. "(신자는) 열방의 빛으로 눈먼 자들의 눈을 밝히며 그들을 족쇄에서 끌러 주며 어둠 가운데 있던 자들을

감옥에서 나오게 하며"(14:7).⁴⁷

제가 지금 두 종류의 외경 본문을 인용하는 것은 외경을 성경처럼 권위 있게 높이 평가해서가 아닙니다. 그리스도인의 가장 중요한 표지가 바로 어둠에서 나와 빛으로 들어간 존재라는 것이 당시 그리스도인의 정체성에 대한 폭넓은 합의였음을 보여주기 위해서입니다.

불신자를 향한 복음 전도는 우리가 누리는 이 빛을 나누어 주는 일입니다. 이 빛을 나누어 받아 예수님을 믿게 된 사람들은 또다시 이방인들 중에서 빛이 되어 또 다른 사람들을 돌아오게 하는 일을 감당할 것입니다. 왜냐하면 그 빛으로 옮겨진 사람들은 단지 그 자신이 빛 안에서 사는 것만으로 만족할 수 없기 때문입니다.

그 빛으로 말미암아 언제나 마음이 뛰고 어린아이처럼 행복한 사람은 그 빛을 전파하지 않을 수 없습니다. 그들은 영적인 어둠 속에 있는 사람들을 보며 마음 아파하지 않을 수 없습니다. 어떤 사람들은 복음을 듣고 그 빛으로 나아가게 된 사람들의 간증을 들으면서 이렇게 말할 것입니다. "그때는 미개한 시대였기 때문에 복음이 새롭게 들렸을 테지만, 지금은 사상과 철학, 지식이 넘쳐 나는 개명한 시대입니다. 복음 같은 것들이 우리를 감동시킬 리가 없습니다."

그러나 이것은 매우 어리석은 견해입니다. 왜냐하면 복음은 단지 철학과 어깨를 겨루는 인간의 지혜가 아니라, 사람들을 구원하는 하나님의 능력이기 때문입니다(롬 1:16, 고전 1:24).

철학이 인류를 위해 무엇을 해줄 수 있었습니까? 우주와 인류 세계에 관하여 수많은 질문들을 제시하고, 그에 대한 대답을 발전시켜 왔다고는 하지만 철학이 '그 빛'은 아니었습니다. 심지어 예수님을 증거하러 온 선지자 요한도 그러하였습니다(요 1:8). 이 세상을 고치기 위해서는 철학의 빛이 아니라 참 빛이신 예수 그리스도가 필요했습니다(요 1:9-10).

그리스도 예수께서는 온 인류에게 빛이십니다. 전도는 예수 그리스도를 믿으면 모든 일이 잘 풀릴 것이라는 사탕발림이 아닙니다. 진리의 힘은 객관적으로 참된 것을 보여주는 데 있습니다.

존재의 울림은 이 빛을 담지한 사람들에게서 나옵니다. 존재의 울림은 이 세상의 사람들에게 이 세상이 전부가 아니라는 인식을 갖게 합니다(히 10:37 참고). 그리스도인이 현재적으로 이 빛을 충만히 누리면서 사는 것이 중요한 것도 바로 이 때문입니다.

우리 안에 있는 이 충만한 복음 진리의 빛이 우리 자신으로 하여금 단정한 삶을 살게 하여야 합니다. 그리고 믿지 아니하는 이 세상 사람들에게 그 빛은 전해져야 합니다. 그들은 바로 이 빛으로 돌아와야 합니다(골 1:12, 요일 1:7). 그것이 바로 그리스도인의 행복이 아니고 무엇이겠습니까?

그 빛을 충만하게 누리며 살기에는 너무나 게으르고 악한 우리 자신을 봅니다. 우리가 주님을 깊이 만나고 어둠에서 벗어나 찬란한 빛 가운데로 나아왔던 순간을 떠올려 보십시오. 얼마나 하나님의 말씀을 사랑했습니까? 그리고 그 말씀을 더욱 깊이 이해하기 위한 공부는 얼마나 즐거웠습니까? 신자는 날마다 그리스도를 아는 지식에서 자라나며 그분의 성품과 사랑을 배워 가야 합니다. 그 지식 안에서 온전한 기쁨을 누리며 사는 것이 바로 이 세상을 빛으로 살아가는 삶입니다.

자율적인 존재로서의 인간

우리가 하나님의 자녀임에도 불구하고 진리를 알고 진리 때문에 기뻐하지 않는 것은 무엇 때문일까요? 우리가 빛 안에서 사는 것에 대해 감사하지 못하는 이유가 무엇일까요? 그 빛을 어둠 가운데 있는 많은 사람들에게 전파하기 위해서 수고하지 않는 이유는 무엇일까요?

그것은 바로 그리스도인이 실제적으로 이 충만한 빛 안에서 살아가고 있지 않기 때문입니다. 예수 그리스도께서 십자가에서 못 박혀 죽으심으로 사단의 영적인 권세는 무력화되었습니다. 말씀의 능력은 우리를 그 모든 얽매인 것으로부터 벗어나게 해줍니다. "진리를 알지니 진리가 너희를 자유롭게 하리라"(요 8:32).

하나님과의 관계 속에서 느끼는 부자유함과 영혼의 속박은 실제적으로 진리로부터 멀리 떨어진 우리의 상태를 보여주는 것입니다. 진리는 단지 한 번 깨닫는 것에 그치지 않고 현재적으로 그 능력이 경험되어야 합니다. 그리함으로써 신자는 현재적으로 그 모든 죄와 사슬과 속박으로부터 벗어나 하나님을 향해 살아갈 수 있습니다(롬 7:6, 히 12:1).

사람들이 자신의 육체를 위해서 쏟는 관심의 절반만이라도 자신의 영혼을 위해서 근심한다면, 이미 진리의 빛을 받았는데도 진리가 주는 자유를 누리지 못한 채 살아가는 일은 없을 것입니다. 지금도 그리스도인들이 물질적 풍요와 육체의 건강을 누리는 데 많은 관심을 쏟습니다. 자신의 삶을 속박하는 부자유와 불편함의 원인이 바로 그것들의 결핍이라고 생각하기 때문입니다. 그러나 그것은 결코 사실이 아닙니다. 우리가 시련과 고난을 당하면서도 믿음을 지키고 살아갈 때보다, 많은 것을 누리면서 형통할 때 오히려 스스로 불행하다고 느낀 적이 있을 것입니다. 이것은 소유를 통한 자유가 신앙의 궁극적인 목표가 될 수 없음을 보여 줍니다(벧전 2:19).

그런 점에서 오늘날 다시 유행하는 번영주의는 우리에게 자유를 주지 못합니다(호 10:1 참고). 그리스도께서는 우리를 자유케 하셨지만, 우리는 자유를 하나님께서 우리를 구원하신 목적을 위해 사용해야 합니다.

'자유'(自由)와 함께 강조되어야 할 가치가 바로 '자율'(自律)입니다. 이것은 하나님을 떠나 그분으로부터 도망친 독립의 자율이 아니라 진리 안에서 우리를 우리 자신의 삶의 주체로 만드시는 하나님 안에서의 자율을 가리킵니다(요 15:5 참고). 인간 바깥에 절대적인 진리가 있다는 것을 부정하는 사람들이 있습니다. 그들에게는 자기 스스로가 주인 되는 것이 자율입니다. 세상 사람들에게 자율은 자신이 모든 삶의 원천이자 목표, 주인이 되는 것입니다(마 6:24 참고).

그러나 그리스도인들은 이미 세상의 방식대로 살아서는 행복할 수 없다는 사실을 깨달은 사람들입니다. 그래서 스스로 그리스도의 십자가 앞으로 나아온 사람들입니다. 따라서 그리스도인이 말하는 자율은 세상의 그것과는 다릅니다. 하나님의 은혜와 율법의 통치 안에서 누리는 진정한 자유, 즉 신율(神律)에 따라 살아감으로 획득되는 자율(自律)을 추구하는 것이 그리스도인의 자유입니다.

이것을 쉽게 이해할 수 있도록 비유를 들어 보겠습니다. 우리가 복잡한 도로 위를 차를 몰고 달린다고 칩시다. 우리가 차를 몰고 모든 차들이 자기 마음대로 달리는 도로를 운전하는 것과 신호를 준수하며 각자 가고자 하는 곳으로 달리는 도로를 운전하는 것 중 어느 것이 자유로운 상태입니까?

우리의 인생도 마찬가지입니다. 잠시 하나님께서 정하신 도덕적 질서를 이탈하는 것은 억압으로부터의 자유처럼 느껴집니다. 그러나 거기에는 더 큰 속박이 기다리고 있습니다(벧후 2:19).

자연적 질서로부터의 이탈도 마찬가지입니다. 자연의 무분별한 개발은 우리에게 당장 적은 이익을 가져다 줄지 모릅니다. 그러나 끝내는 파괴적인 결과를 가져옵니다. 절제를 잃은 폭식과 폭음은 잠시 자유의 즐거움을 가져다 주지만, 그 결과는 우리를 더 속박합니다(시 107:10-11). 결국 인간에게 있어서 진정한 자유는 하나님의 사랑에 붙들려 사는 것이며, 진정한 인간의 자율(自律)은 자신이 기쁨으로 신율(神律)을 따라 사는 것입니다. 이것은 우리의 모든 신앙 교육의 목표이기도 합니다. 그러므로 우리는 가르침과 배움이 있는 곳마다 하나님을 사랑하는 자유와 그분의 사랑에 붙들려 살아가는 자율을 강조하여야 합니다.

예전에 우리는 세상에서 돈이나 권력에 의해 짓밟힘을 당했습니다. 그러나 이제는 하나님의 나라에서 사랑의 강제력 이외에는 아무것에도 속박받는 것이 없는 사람들이 되어야 합니다(고전 2:2). 그 사랑의 강제력은 언제나 인격적인 사랑입니다. 억압과 공포, 보복의 두려움과 보상에 대한 탐욕이 아니라 주님의 사랑의 줄에 우리 삶의 동기를 굳게 잡아매어야 합니다(호 11:4, 갈 5:13 참고). 이것은 결코 아프고 불편한 일이 아니라 자유롭고 즐거운 일입니다.

그 빛 가운데 거하라

마르쿠스 아우렐리우스(Marcus Aurelius, 121-180)는 기독교를 박해한 대표적인 로마 황제 가운데 한 사람입니다. 그가 재위할 때의 일입니다. 가이사랴의 유세비우스(Eusebius, 263경-339경)가 쓴 『교회사』(Ecclesiastical History)를 보면, 그 당시 핍박이 심했던 남부 빈 지역의 상투스(Sanctus) 집사에 대한 기록이 나옵니다. 상투스는 심한 고문과 심문을 받았습니다. 그런데 기록은 그가 어떤 취조에도 항상 "나는 그리스도인이다."라는 한마디로 대답했다고 보도합니다.

자기 이름도 자기 민족도, 자기가 어디에서 태어났는지, 노예인지 자유인인지 그 어떤 답도 하지 않았고 다만 모든 질문에 라틴어로 "나는 그리스도인입니다."라고만 하였다.

이러한 신앙고백은 상투스를 고문하는 사람들을 더욱 격노하게 하였고 결국 그는 화형 선고를 받았습니다. 그러나 그는 끝까지 굴하지 않고 계속해서 자기의 고백을 지켰습니다.

존 맥아더(John MacArthur)는 자신의 책 『슬레이브』(Slave)에서 예수 그리스도와 그리스도인의 관계를 주인과 노예의 관계로 규정합니다.[48] 저는 오래전부터 같은 생각을 가지고 있었기에 그 책을 읽으며 기뻤습니다. 우리말로 '그리스도인'이리고 번역된 헬라어 크리스티아노이(Χριστιανοί)는 '그리스도'를 가리키는 크리스토스(Χριστός)와 '추종자들', '-에 속한 사람들', '-의 소유인 자들'이라는 뜻을 가진 복수 접미어 -이아노이(-ιανοί)의 합성어입니다(행 11:26).

이 단어는 원래 그리스도를 따르는 사람들에 대한 경멸 조의 표현이었습니다. -이아노이는 헬라어에서 복수 남성 접미어입니다. -이아노이를 어느 가문의 이름에 붙이면 그 가문의 추종자, 딸린 식객 혹은 노예임을 가리켰습니다. 그러므로 크리스티아노이라는 호칭은 당시로 보면 '예수 그리스도에게 속한 자들', '그리스도를 주인으로 섬기는 노예들'이라는 의미였습니다.

이러한 배경을 숙고한다면 상투스의 고백은 이렇게 해석할 수 있습니다. "나는 이제 아무것도 아닙니다. 그저 예수 그리스도의 노예일 뿐입니다."

어떻게 이런 일들이 가능합니까? 자기를 주인 삼으며, 자신의 배를 신처럼 여기며 살던 사람들이 어떻게 이런 사람이 될 수 있습니까? 무엇이 그들을 그리스도의 노예로 자처하게 만들었을까요?

진리의 밝은 빛과 사랑의 타는 불꽃이 그를 그리스도께 묶어 버렸기 때문입니다. 그리하여 그로 하여금 즐겁게 예수께 속한 자, 그분의 소유, 그분의 노예라고 자처하게 만들었기 때문입니다. 순교의 자리에서 상투스는 로마인들의 마음 깊이 웅장한 존재의 울림을 남겼습니다.

하나님께서는 이미 우리를 어둠에서 건져 빛으로 인도해 주셨습니다(엡 5:8). 그러나 우리 안에는 날마다 계속해서 지성적 어둠이 물러가는 기쁨, 신령한 빛 안에서 사는 즐거움, 도덕적으로 단정한 삶으로 나아가는 성화(聖化)의 진보가 있어야 합니다(고후 7:1, 엡 4:13).

그럼으로써 우리는 하나님께서 이미 우리에게 행하신 구원을 인하여 감사의 찬송을 드릴 수 있고, 그 구원의 계획을 따라 복된 삶을 살아갈 수 있습니다. 하나님께 아직 받지 못한 것은 이미 받은 것에 비하면 아무것도 아닙니다.

여러분은 이미 인생관도 바뀌었고 세계관도 달라졌습니다. 예전에는 사단의 권세 아래 있던 사람이었습니다(엡 2:2). 그러나 이제는 하나님과 동행하는 사람들입니다. 하나님의 나라를 이 세상에 실현하는 일에 참여하도록 부름받았습니다.

이전에는 세상 속에서 시류를 따라 존재감 없이 살던 자들이었는데, 이제는 하나님 나라의 백성으로서 존재의 울림이 있는 삶을 살게 하셨습니다. 이런 영광스러운 부르심을 받은 신자들이 여전히 이 세상의 만족과 육신의 즐거움을 위해서 살아간다면 결코 행복하지 않을 것입니다.

하나님의 계획을 따라 구원받은 신자가 그 경륜을 따라 살지 않는 것은 이율배반(二律背反)입니다. 거기서 신자는 죽음의 상태와 같은 마음의 고통과 정신의 분열을 겪게 됩니다. 하나님의 나라를 위해 살자니 세상 욕심이 크고, 세상을 좇아 예전처럼 살자니 하나님이 두렵습니다. 그 사이에 끼어 사는 동안에 그는 결코 행복하지 않습니다. 왜냐하면 그는 이미 영원한 하나님 나라의 영광을 맛보았기 때문입니다(벧전 2:3). 우리가 매일 그리스도의 십자가 앞에서 순종하는 삶을 살아야 할 이유가 여기에 있습니다.

하나님께서는 우리를 어두운 데서 불러내어 기이한 빛으로 옮겨 주셨습니다(벧전 2:9). 우리에게는 하나님께서 뜻하신 새로운 질서 아래서 구원의 계획을 따라 살아가는 것 외에 또 다른 길은 없습니다.

하나님의 나라는 이미 왔으나 아직 우리의 선포를 기다리고 있습니다. 하나님께서는 거룩한 존재의 울림으로써 이 세상에 하나님의 덕을 선포하도록 부르셨습니다. 그것이 바로 하나님께서 우리를 구원해 주신 이유입니다. 우리를 택하신 족속, 왕 같은 제사장, 거룩한 나라, 하나님의 보물로 불러 주신 것이 바로 이 때문입니다.

6장

하나님의 덕을 선포하라

구원받은 신자의 삶은 하나님의 덕(德)을 선포하는 삶이어야 합니다. 그는 삶의 모든 영역에서 자기를 구원해 주신 하나님의 은혜를 선포해야 합니다. 이에 대하여 성경은 말합니다. "그러나 너희는 택하신 족속이요 왕 같은 제사장들이요 거룩한 나라요 그의 소유된 백성이니 이는 너희를 어두운 데서 불러내어 그의 기이한 빛에 들어가게 하신 이의 아름다운 덕을 선포하게 하려 하심이라"(벧전 2:9).

덕이란 무엇인가

우리말 성경에서 '덕'이라고 번역된 단어는 헬라어 성경에서 타스 아레타스(τὰς ἀρετὰς)라고 나옵니다. 이것은 '그 덕들'이라는 의미입니다. 그리고 이 단어의 단수가 바로 아레테(ἀρετή)입니다. 이 단어는 '선한'이라는 뜻

을 가진 헬라어 단어 아가도스(ἀγαθός)와 관련이 있습니다. 원래 아레테는 우선적으로 '기능적인 선함'(functional goodness)을 의미합니다.[49] 즉, 아레테가 의미하는 '탁월함'은 '그 고유한 기능을 잘 발휘하는 것'입니다.

이것을 인간에게 적용해 봅시다. 정치하는 사람은 정치를, 운동하는 사람은 경기를, 사업가는 사업을 탁월하게 하는 것이 각자의 아레테입니다. 그런데 그들이 자기가 하던 일을 더 이상 할 수 없게 되었을 때에도 한 인간으로서의 삶은 계속됩니다. 그러면 그때 인간 자체로서의 탁월함은 무엇으로 판단할 수 있는가 하는 질문이 대두됩니다. '탁월함이란 무엇인가?'라는 질문이 이렇게 인간 자신에 관해 제기될 때, 여기서 비로소 아레테는 '덕'의 개념을 갖습니다.

그리스인들은 이 '덕'이 무엇인지를 두고 많은 고민을 하였습니다. 그래서 그리스 철학에서 아레테는 매우 중요한 자리를 차지하고 있습니다.

플라톤(Platon, BC 428경-BC 348경)이 『국가』(The Republic)에서 아레테가 무엇인지 규명하기 위해 긴 논변을 펼쳤고, 아리스토텔레스(Aristoteles, BC 384-BC 322) 역시 『니코마코스 윤리학』(Nicomachean Ethics)에서 아레테가 무엇인지를 논증하였습니다.[50]

고대 그리스는 폴리스(polis)라고 불리는 도시 국가로 이루어진 나라입니다. 폴리스는 그리스 본토에 100여 개가 있었는데, 평균 인구가 약 5,000명쯤 되었다고 합니다. 그때에는 인구가 적었으므로 군사의 수도 많지 않았고, 그나마도 분산되어 있어 대규모 전면전을 치를 수 있는 상태가 아니었습니다. 고대 그리스의 도시 국가들은 항상 다른 나라의 침입에 불안할 수밖에 없었습니다.

당시 그리스인들이 제일 먼저 풀어야 했던 숙제는 국가 존립에 대한 문제였습니다. 그들이 직면했던 문제는 두 가지였습니다. 첫째는 어떻게 외적의 침입으로부터 나라를 지킬 수 있는가였고, 둘째는 어떻게 나라를 잘 다스려서 사람답게 사는 사회를 이룰 것인가였습니다. 그래서 그리스인들에게 두루 알려진 아레테의 의미는 한 개인이 스스로 행복하면서 국가를 유지하고 공동체가 함께 행복을 누리는 데에도 이바지하게 하는 가치였습니다. 다시 말해서 그 목적을 이루기 위해 칭찬받을 가치가 있는 인간 정신의 힘을 아레테라고 불렀습니다.

그리스인들의 교육은 아레테에 초점이 맞추어졌습니다. 그러한 교육으로 그리스 시민들은 개인의 행복 추구와 공동체의 유익을 위한 공헌 사이에서 균형을 이루는 방법을 배웠습니다. 이후에 그리스의 영토를 지배한 로마 제국에서도 이러한 정신이 이어집니다. 로마의 법과 체계 역시 아레테를 목표로 한 그리스의 교육과 법률, 문화와 제도, 윤리를 바탕으로 로마주의(Romanism)를 이루고자 한 것이었습니다.

사도 베드로가 쓴 짧은 편지, 베드로전서는 소아시아 지역의 다섯 개 지역 교회를 수신자로 하여 쓰여졌습니다(벧전 1:1). 당시 소아시아 지역은 지리적으로는 아시아에 속하였지만 정치적으로는 로마의 통치를 받고 있었고 문화적으로는 헬레니즘의 영향 아래 있었습니다.

사도 베드로는 수신자를 배려하였습니다. 그는 그들이 이미 익숙하게 알고 있는 '덕'의 개념을 사용하고자 아레테라는 표현을 쓴 것 같습니다. 그리스와 로마에서 흔히 사용된 이 단어는 기독교 문맥 안에서 새로운 의미를 갖게 되었습니다.

하나님과 관련하여 아레테는 하나님의 구원 행동을 통해 그분의 영광이 드러나는 것을 의미합니다. 다시 말해서 하나님의 하나님이심이 인간을 비롯한 모든 피조물들과 맺으시는 관계 속에서 드러나는 것이 하나님의 덕입니다. 하나님의 덕은 특별히 인간을 창조하시고, 구원하시고, 그 구원을 완성하시는 과정을 통해 영광스럽게 드러납니다.

칼빈(John Calvin, 1509-1564)은 베드로전서 2장 9절을 해석하면서 여기서 언급된 '덕'은 '하나님의 영광이 밖으로 빛나게 하는 지혜, 선함, 권능, 공의'를 가리킨다고 보았습니다.[51] 이 모든 하나님의 속성들은 세계에 작용하는 탁월함이며, 이로써 그분의 창조와 구원의 계획이 이루어지고 그 구원 계획의 성취는 인류에게 행복을 누리게 합니다. 그러므로 우리는 그 속성들을 '덕'이라고 부를 수 있습니다.

신자의 삶은 이 '덕'을 힘입어 사람들과 사랑으로써 올바른 관계를 맺는 것이어야 합니다. 이것은 또한 인간 사이의 '덕'이라고 불리기도 합니다(롬 14:19, 15:2, 고전 14:3).

불러야 할 찬송

많은 학자들은 베드로전서 2장 9절이 이사야 43장 21절의 사상을 계승한다는 데 이견이 없습니다. 그래서 본문에 나오는 '덕의 선포'가 이사야서 43장 21절의 '나의 찬송'과 관련이 있다고 봅니다. "이 백성은 내가 나를 위하여 지었나니 나를 찬송하게 하려 함이니라"(사 43:21).

우리말 성경에서 '나를 찬송하게'라고 번역된 부분의 히브리어 원문은 테힐라티 예사페루(תְּהִלָּתִי יְסַפֵּרוּ)인데, 이는 '그들이 나의 찬송을 상세히 말하게'라는 뜻입니다(욥 12:8, 15:17).

구원을 얻은 하나님의 자녀는 마땅히 하나님의 덕을 찬송하며 살아야 합니다. 즉, 본문에 나오는 '덕을 선포한다.'라는 것은 바로 하나님께서 우리를 구원해 주신 위대한 지혜와 하나님의 선함, 권능과 공의를 찬송한다는 의미입니다. 이것은 단지 입술로 부르는 찬송을 말하지는 않습니다. 오히려 이것은 이스라엘의 전 존재를 통해 드러나는 하나님의 존재와 성품에 대한 찬양을 의미합니다. 그리고 이와 같은 이스라엘의 사명은 구속사적으로 신약의 교회에 계승됩니다.

우리의 존재와 삶 자체가 울림이 되어 하나님의 덕들을 많은 사람들이 인정하도록 만들어 주는 것입니다. 그것이 바로 구원받은 하나님의 자녀가 주님께 영광을 돌리는 삶입니다(살전 1:8).

히브리어 예사페루(יְסַפְּרוּ)의 원형 사파르(סָפַר)는 어떤 사실들을 말로 진술하거나 기록함에 있어 상세하게 진술하는 것을 의미합니다. 성경의 다른 곳에서는 '계산하다.', '기록하다.', '전파하다.'라는 의미로 사용되기도 하였습니다(레 15:3, 왕상 4:3, 시 75:1).[52] '책'을 뜻하는 세페르(סֵפֶר), '서기관'을 뜻하는 소페르(סֹפֵר)도 이 동사에서 유래하였습니다(출 17:14, 스 4:15, 단 7:10).

하나님께서 인간에게 베푸신 위대한 구원의 행동에는 그분의 성품이 묻어납니다. 이것을 신학적으로 속성(attribution)이라고 말하는데, 그 속성들이 인간과의 관계 속에서 시행되는 것이 바로 '덕'이라고 말할 수 있습니다.

신자의 사명은 하나님께서 우리를 위해 어떠한 일을 행하셨는지, 하나님께서 우리를 어떻게 사랑하시고 긍휼히 여기셨는지, 우리에게 어떻게 소명을 주셨는지에 대하여 사람들에게 상세하게 선포하는 것입니다(고후 2:15, 3:2). 그것은 단지 언어에 국한되지 않고 우리의 전 존재를 아우르는 선포입니다.

이러한 선포는 일차적으로 설교를 통해서 공중(公衆)에게 알려집니다. 그래서 교회의 강단에서는 언제나 하나님께서 베푸신 위대한 덕들이 설교의 제목이 되어야 합니다. 인간이 아닌 하나님의 위대한 존재와 성품에 관해 선포해야 합니다. 그리하여 회중들은 그 진리의 빛 아래서 자신이 누구인지를 알게 되어야 합니다. 그들은 그 선포의 말씀을 듣고 자신의 존재의 의미와 삶의 방식을 결단하게 됩니다.

다시 말해서 누가 언제 교회를 찾더라도 강단의 설교를 통해 하나님의 위대한 덕들에 대하여 들을 수 있어야 합니다. 결코 사람의 생각과 사상, 철학적인 사색이 강단의 주인이 되어서는 안 됩니다(고전 1:20, 2:6).

그러나 설교만이 그 모든 덕들의 선포 행위일 수는 없습니다. 하나님의 덕들을 선포하는 사명은 설교자에게만이 아니라 그리스도의 교회 전체에게 주어진 것입니다. 교회의 선포의 중심에는 설교단이 있습니다. 그러나 예배를 마치고 흩어지는 신자 한 사람 한 사람이 이 세상에 그리스도인으로서의 존재의 울림을 들려줄 수 있어야 합니다. 그리스도인이 참 신자로서 이 세상에 존재하는 것 자체가 장엄한 존재의 울림이 되는 것이야말로 이 세상에 하나님의 덕들을 선포하는 일의 중요한 요소입니다.

그리스도인이 세상 사람과 다른 존재로서 존재하는 것이야말로 이 세상에서 하나님을 섬기고 있는 것입니다. 하나님께서 우리를 구원하신 것은 바로 우리를 당신의 자녀 삼으셔서 이 세상에서 당신의 아름다운 덕들을 선포하시기 위함이었습니다(벧전 2:9).

공동체가 해야 할 일

하나님의 덕을 선포해야 할 사명은 공동체적인 것입니다. 그러나 실제로 그것이 이루어지는 첫걸음은 한 사람의 신자가 순전한 그리스도인이 되는 것에서 시작합니다. 왜냐하면 존재의 울림을 동반하는 선포는 그리스도인의 인격과 삶으로써 이루어지는 것이고 세상을 향한 교회의 존재적 선포는 이러한 개인의 영향력의 총화이기 때문입니다.

성도들은 저마다 사는 곳은 달라도 영적으로 하나의 연대를 이루고 있습니다. 그래서 번잡한 도시가 아닌 한적한 시골에 사는 농부가 이웃에게 무엇인가 그리스도인으로서 존재의 울림을 들려준다면 그것은 성례 선석으로 그리스도께 봉헌되이 지구상의 모든 보편 교회가 세상을 향해 들려주는 울림의 일부가 됩니다. 이 일을 위해서 교회는 자신이 진리의 공동체로서의 울림을 가지고 있어야 한다는 사실은 아무리 강조해도 지나침이 없습니다.

성숙한 신앙을 가진 그리스도인의 삶에 힘이 있듯이, 성경에 대한 확고한 믿음과 사상 그리고 거기서 흘러나오는 윤리적 삶이 있는 교회가 전파하는 복음에는 힘이 있습니다. 물론 교회가 존재의 울림을 갖는다고 해서 세상이 항상 귀를 기울이는 것은 아닙니다. 순수한 하나님의 말씀은 순결하지 않은 삶을 살아가는 사람들에게 불편할 수밖에 없습니다(행 4:2). 그러나 세상 모든 사람들이 그 전파에 귀를 기울여 주지는 않아도 아무도 무시할 수 없는 힘이 있습니다. 삶으로 체험된 진리에는 마음을 움직이는 깊은 영향력이 배어 있듯이, 존재의 울림이 있는 교회에는 사람들을 스스로 설복시키는 능력이 있습니다(행 12:24, 19:20). 그렇지 않다면 세상은 교회가 던진 질문에 술꾼의 충고를 듣는 것처럼 이렇게 답할 것입니다. "너나 잘 하세요."

교회의 존재론적인 선포에는 항상 전투가 따라옵니다. 이 전투는 크게 세 가지로 나누어 볼 수 있습니다.

첫째로, 사상적 전투입니다(행 28:22-23 참고). 세상은 우리가 믿고 확신하는 바에 사상적으로 도전합니다. 기독교에 도전하는 사상들은 묻습니다. "어떻게 성경이라는 한 권의 책이 신의 말씀이 될 수 있는가?" 이러한 질문 앞에서 우리는 성경의 진리를 확신하는 신앙을 가져야 합니다(딤후 3:14-15). 그리고 성경으로부터 비롯된 확고한 사상의 체계를 수립하기 위해 부지런히 지성을 연마해야 합니다.

성경이 하나님의 말씀이라는 사실을 세상 사람들이 알아들을 수 있는 언어로 선포하고 변증하는 일에 게으르지 말아야 합니다(벧전 3:15). 물론 그러한 변증이 성경이 하나님의 말씀이라는 사실을 믿어야 할 필요를 약화시키는 것은 아닙니다. 그러므로 교회는 좋은 목회자들을 길러 낼 뿐만 아니라 그들이 훌륭한 신학을 가진 사람들로 성장할 수 있도록 도와야 합니다. 나아가서 전문적으로 신학을 연구하고 가르침으로써 목회자들을 길러 내고, 성경의 진리를 파수하는 학자들을 적극적으로 섬겨야 합니다. 왜냐하면 올바른 신학의 발전 없이 순수한 신앙은 보호될 수 없기 때문입니다.

교회는 지난 세대에 선조들로부터 물려받은 하나님의 말씀에 관한 지식들을 보존하고 이 시대의 우리의 연구를 보태며 다음 세대의 자손들이 그 진리를 따라 살아갈 수 있도록, 이 세상의 사조들을 이길 수 있는 기독교의 사상을 수립하고 보존해야 합니다. 성도들은 이 일에 기도와 물질 그리고 재능으로 헌신해야 합니다.

교회는 하나님의 말씀인 성경을 잘 가르치고 신학 지식으로 성도들을 무장시켜야 합니다. 그리하여 이 세상의 불신앙적인 사조보다 자신들이 믿고 있는 기독교의 진리의 체계가 훨씬 아름답고 신뢰할 만하다는 확신 가운데 살도록 도와주어야 합니다.

둘째로, 윤리적 전투입니다(요 3:18-21 참고). 세상은 그리스도인에게 윤리적인 문제에 있어서 적당히 타협하도록 요구합니다. 윤리적으로 첨예하게 대립되는 문제들에 있어서 우리는 현실적으로 그럴 수밖에 없지 않느냐고 스스로를 설득할 때가 있습니다. 그러나 빛과 어둠은 사귈 수 없습니다(고후 6:14). 그리스도인은 세상 속에서 하나님의 정의를 실현해야 할 마지막 사람들입니다.

셋째로, 신령한 전투가 있습니다(엡 6:12). 그리스도인의 영적인 생활을 갉아먹고 교회의 힘을 약화시키는 것들은 사실 우리와 매우 가까운 곳에 있습니다. 먼저 가장 근본적으로는 이단적인 교리로 사람들을 유혹하는 무리들의 도전이 있습니다(벧후 2:1). 또한 인간의 오감(五感)을 끊임없이 유혹하며 그 안에서 만족을 얻으라고 부추기는 세상의 유혹과 다양한 오락거리가 있습니다(엡 4:22). 생활의 편리함을 보장해 주는 문명의 이기(利器) 역시 인간의 유익이 목표였지만 이제는 인간을 속박하고 안일한 삶을 부추깁니다. 이런 것들을 더 많이 얻고자 하는 마음이 돈을 사랑하게 합니다(딤전 6:10).

오늘날 대부분의 신자들은 스마트폰을 보는 것보다 적은 시간을 성경을 읽고 기도하고 하나님의 성품을 묵상하는 데 사용합니다. 결국 이렇게 살아가다 보면 그리스도인이라 할지라도 자신의 정체성을 지탱할 수 있는 신앙의 힘을 상실하게 됩니다. 여러분은 혹시 이러한 생활을 따르고 있지 않습니까? 가치도 없는 일에 몰두하느라 하나님의 말씀을 읽고 자신의 마음을 거기에 잠기게 하는 일은 못하고 있습니다. 주일에는 의무감으로 교회에 나와 형식적으로 예배를 드리지만, 하나님 없는 마음은 여전히 공허합니다. 혹시 이것이 여러분의 모습은 아닙니까?

세상은 거대한 탁류와 같습니다. 흐르는 물에 떠밀리듯 사는 사람들은 얼마 가지 않아 믿음의 파산을 경험하고 말 것입니다. 기도를 가르치시던 예수님께서 염려하시며 말씀하셨습니다. "그러나 인자가 올 때에 세상에서 믿음을 보겠느냐"(눅 18:8). 이 믿음은 기도를 실천하는 믿음입니다. 주님께서 다시 오시는 그날에 간절히 기도하는 믿음의 사람들을 볼 수 있겠냐는 말씀이었습니다.

그리스도인은 세상의 흐름을 기운차게 거스르며 존재의 울림을 들려주어야 하는 존재입니다. 그럼에도 불구하고 구원의 소명과 상관없이 세상의 거대한 흐름을 따라 흘러간다면 외아들을 내어 주신 하나님께서 얼마나 마음 아프시겠습니까? 우리가 이 시대에 대해 비판의 정신 없이 휩쓸려 살다 보면 그렇게 되기 쉽습니다.

우리는 그리스도인의 삶이 영적인 전투임을 명심해야 합니다. "우리의 씨름은 혈과 육을 상대하는 것이 아니요 통치자들과 권세들과 이 어둠의 세상 주관자들과 하늘에 있는 악의 영들을 상대함이라"(엡 6:12). 그러므로 우리는 마음을 모아 성령의 능력을 의지하여 이 신령한 전투에서 승리할 수 있기를 기도해야 합니다.

존재의 울림으로 선포하라

오늘날에도 번영을 가르치는 복음은 환영을 받고 있습니다. 그러나 숙고해 보면 그 번영의 개념이 시대마다 바뀌고 있다는 사실을 발견하게 됩니다. 이것은 조국교회의 번영주의만을 생각해 보아도 사실입니다.

우리나라 1970년대에는 번영이 가난으로부터 벗어나 물질적인 부를 누리는 것을 의미하였습니다. 그러나 오늘날 번영은 자신의 꿈을 실현하고 욕망을 성취함으로써 만족감을 누리는 것을 의미합니다. 그래서 1970년대에 예수님을 믿고 부자가 되었다는 간증이 유행했다면, 오늘날에는 신앙의 힘으로 자신의 꿈을 펼칠 수 있었다는 간증이 환영을 받습니다. 그러나 그것은 진정한 복음이 아닙니다. 거기에는 피 묻은 복음이 없습니다.

구원받은 하나님의 백성으로서의 신자의 행복은 번영이 아닙니다. 또는 자신의 꿈을 이루는 것도 아닙니다. 구원받은 신자로서 이 세상에서 살기 위해서는 두 가지가 필요합니다. 사명을 따르는 믿음으로 사는 일과 사명의 가치를 알고 기꺼이 희생하고자 하는 마음입니다(막 8:34). 사실 신앙의 진수는 고난과 시련 속에서도 그것을 극복할 수 있는 영혼과 정신의 힘에 있습니다.

그러므로 우리는 인생의 목표를 하나님의 영광에 고정해야 합니다. 거룩한 목표를 위해 우리 마음이 하나님의 나라를 위한 사명으로 불타오르게 해야 합니다. 분투하는 삶에는 고난과 희생, 아픔과 좌절, 수고와 눈물이 따를 것입니다. 그러나 우리는 그러한 삶으로써 세상에 선포되는 하나님의 덕들의 열매를 볼 것입니다(행 5:41 참고). 미천한 인간으로 태어나서 거룩한 하나님의 영광을 위해서 쓰임받는다는 것이 얼마나 감격적입니까?

우리 주 예수 그리스도의 생애를 생각해 보십시오. 하나님의 사랑을 한없이 받으셨지만 이 세상에서 늘 고단한 삶을 사셨습니다. 서른 살밖에 안 되셨는데도 "네가 아직 오십 세도 못 되었는데"(요 8:57)라는 말을 들으실 정도로 고난을 많이 겪으셨습니다. 그런데 예수 그리스도만큼 이 세상에서 행복하게 사셨던 분이 있을까요?

예수 그리스도의 지상 생애는 참 하나님의 사람이 이 세상을 살아갈 때 어떻게 하나님께 사랑을 받으며 기쁨의 삶을 살 수 있는지 보여주었습니다. 그분을 하나님께서 기뻐하셨고, 그분은 기뻐하시는 하나님 때문에 기뻐하셨습니다(마 3:17, 눅 10:21).

우리 인생에 고난과 어려움이 올 때 우리는 잠시 그 속에서 혼란을 느낄 수 있습니다. 그러나 그것이 영원하지는 않습니다. 실패와 좌절과 고통은 하나님을 따르는 모든 사람들에게 당연히 있을 수 있습니다. 그럴 때 우리에게 필요한 것은 비관과 탄식이 아닙니다. '왜 나에게 이런 일이 일어났을까?' '내가 무엇을 잘못했을까?' '나에게 이런 일이 생길 때 하나님께서는 어디 계셨을까?'

오히려 이때 우리가 해야 할 일은 고난과 어려움을 당하는 것을 이상하게 생각하지 않는 것입니다. 변함없이 자신이 살아가야 할 삶의 길을 가는 것입니다. 그리고 마음을 다해 고백해야 합니다. "나는 그리스도인이다. 나는 예수께 속한 사람이다. 그리스도의 노예이다."

우리는 다른 곳에서 기쁨을 찾지 말고 우리 자신을 통해 하나님의 위대한 덕이 선포되는 일 때문에 진정 행복을 느껴야 합니다. 우리는 이따금씩 사라질 이 세상의 영광이 하찮음을 직시할 수 있어야 합니다(사 40:6-7).

신자의 진정한 행복은 바로 이 선포의 사명을 따라 살아가는 데 있습니다. 이것은 단순히 혀끝에서 나오는 말이 아니라 존재의 울림을 동반한 선포입니다. 우리는 양의 문이신 그리스도를 통과하는 순간 이 소명을 따라 살기로 다짐한 사람들입니다(요 10:7). 그러므로 존재의 울림이 있는 선포적 삶을 가로막는 그 어떠한 장애와 도전에도 위축되거나 겁내지 말아야 합니다.

우리는 그리스도 예수의 십자가의 사랑이 얼마나 위대한지를 알게 된 순간부터 이러한 희생을 각오했던 사람들입니다. 전승에 따르면, 본문을 쓴 사도 베드로는 후일 로마에서 순교하였습니다. 무엇 때문입니까? 그가 예수 그리스도를 주라고 시인하였고 하나님의 덕을 선포하는 사명을 따라 살았기 때문입니다.

아침 일찍 기상나팔이 울리는데 이렇게 말하는 군인은 없습니다. "에이, 잠 좀 자려는데 아침부터 깨우고 난리야?" 군에 입대하기 전 집에서는 그렇게 말하였을 것입니다. 그러나 이제 그는 군인입니다. 군대가 어떤 곳인지를 알고 있고, 군인으로 산다는 것이 무엇인지 배웠습니다. 그래서 그는 기상나팔이 울리는 소리에 벌떡 일어나 복장을 착용하고 훈련을 받기 위한 준비를 합니다.

그리스도를 따르는 제자가 되는 일은 복된 일입니다. 그러나 그렇게 되기 위해 우리가 마땅히 지불해야 되는 희생이 있음을 기억해야 합니다. 이에 대해 예수 그리스도께서는 다음과 같이 말씀하십니다. "너희 중의 누가 망대를 세우고자 할진대 자기의 가진 것이 준공하기까지에 족할는지 먼저 앉아 그 비용을 계산하지 아니하겠느냐"(눅 14:28). 또 예수님께서는 자기의 제자들에게 말씀하셨습니다. "또 자기 십자가를 지고 나를 따르지 않는 자도 내게 합당하지 아니하니라"(마 10:38).

우리는 그리스도인입니다. 하나님의 나라를 위해 부름받은 영적 군사들입니다. 우리가 살아야 할 삶이 어떤 것인지 이제 우리는 알게 되었습니다. 그리고 그 사명을 따라 살기 위해 희생이 필요하다는 사실도 깨닫게 되었습니다.

하나님의 나라는 이미 왔으나 아직 우리의 선포를 기다리고 있습니다. 하나님께서는 거룩한 존재의 울림으로써 이 세상에 하나님의 덕을 선포하도록 부르셨습니다. 그것이 바로 하나님께서 우리를 구원해 주신 이유입니다. 우리를 택하신 족속, 왕 같은 제사장, 거룩한 나라, 하나님의 보물로 불러 주신 것이 바로 이 때문입니다.

주님의 은혜에 목마른 자가 되십시오. 왜냐하면 우리 자신의 힘으로는 이러한 위대한 소명을 따라 살 수 없기 때문입니다. 매일매일 주님께로부터 부어지는 찬란한 진리의 빛과 충만한 성령의 은혜로써 온전한 신자가 되어갑시다. 그리하여 존재의 울림이 있는 삶을 살아갑시다. 그리스도인은 이 세상에 존재하는 것만으로도 울림이 되는 그런 사람이 되도록 부름받았습니다.

에필로그

돋는 햇살처럼

"의인의 길은 돋는 햇살 같아서 크게 빛나 한낮의 광명에 이르거니와 악인의 길은 어둠 같아서 그가 걸려 넘어져도 그것이 무엇인지 깨닫지 못하느니라"(잠 4:18-19).

잠언에서 흔히 발견되는 의인과 악인의 대조입니다. 본문에서 의인의 길이 돋는 햇살과 같다는 것은 의인이 되면 세상의 번영을 누리며 탄탄대로를 걷는다는 의미가 아닙니다. 물론 그러한 의미를 완전히 배제할 수는 없습니다. 왜냐하면 우리가 하나님을 배반하고 악한 길을 가면 잠시 성공하는 것 같다가도 실패하고, 하나님을 잘 믿고 의지하면 잠시 고난을 당하는 것처럼 보여도 세상에서도 복을 누리는 사람들이 되기 때문입니다.

그러나 본문의 초점은 결코 세상의 번영이나 성공에 있지 않습니다. 한 사람이 의인이라고 불리는 것은 그의 존재와 인생에 대한 종합적이고 포괄적인 평가입니다. 한두 가지의 의로운 행동은 그러한 평가의 하나의 방증이 될 수 있을 뿐, 그 평가는 본질적으로 그 사람의 됨됨이와 관련되어 있습니다.

사실 사람의 됨됨이는 반드시 그의 의로운 삶과 떼어 놓을 수 없습니다. 예수 그리스도께서는 말씀하셨습니다. "좋은 나무마다 아름다운 열매를 맺고 못된 나무가 나쁜 열매를 맺나니 좋은 나무가 나쁜 열매를 맺을 수 없고 못된 나무가 아름다운 열매를 맺을 수 없느니라"(마 7:17-18). 이것은 본성과 실제로 드러나는 작용 사이의 필연성을 보여줍니다.

악인이라도 우연히 선을 행할 수 있고, 선한 사람이라도 우연히 악을 행할 수 있습니다. 그러나 그 사람의 존재와 삶은 삼투압 현상처럼 서로에게 침투하고 침투당하여 결국은 균등하게 됩니다. 한 사람의 존재는 삶을 능가할 수 없고 삶을 능가하는 존재가 있을 수 없기 때문입니다. 결국 한 사람이 의인이라면 그가 살아가는 삶은 인간의 바른 도리를 보여주는 성경적 삶일 수밖에 없습니다. 그리고 그러한 삶을 살아가는 사람에게 존재의 울림이 없을 리 없습니다. 성경은 바로 그러한 의미에서 의인의 길이 돋는 햇살과 같다고 말하고 있습니다.

여러분은 동해 바다에서 일출을 보신 적이 있습니까? 굉장히 신비롭습니다. 희끄무레한 빛이 비치기 시작합니다. 그렇게 주변이 점점 밝아지다가 붉은 태양이 수평선 위에 떠오릅니다. 그런데 일정한 시간 간격으로 해가 떠오르는 것처럼 느껴지지 않고, 힘들게 수면 위에 오르다가 갑자기 불끈 솟아오르는 것 같은 느낌을 받습니다. 일종의 착시이지만 그것이 아주 아름답습니다.

처음에는 붉은 빛을 토해 내고 빛의 양도 많지 않지만, 해가 수평선 위로 완전히 떠오르고 나면 붉은 빛은 사라지고 눈부셔서 차마 바라볼 수 없는 환한 빛을 뿜어내기 시작합니다. 바로 그 빛이 세상에 진리를 보여주는 의인의 의로운 삶과 같다는 것이 지혜자의 고백입니다.

알렉산드로스 대왕(Alexandros III, BC 356-BC 323)과 철학자 디오게네스(Diogenes, BC 400경-BC 323)에 관해 다음과 같은 유명한 일화가 있습니다. 알렉산드로스는 위대한 전사이기도 했지만 당대 최고의 석학 아리스토텔레스(Aristoteles, BC 384-BC 322)를 가정 교사로 두고 제왕으로서 교육받은 사상가이기도 했습니다.

그리스 본토를 점령하고 총회를 열었을 때, 수많은 사람들이 알렉산드로스를 찾아와 인사했습니다. 그에게 잘 보이기 위해서였습니다. 알렉산드로스는 디오게네스도 자신을 찾아올 것이라 생각했습니다. 하지만 아무리 기다려도 그는 오지 않았고 결국 알렉산드로스가 찾아갔습니다.

가서 보니 디오게네스는 남루한 행색으로 통 안에 누워 햇빛을 쬐고 있었습니다. 왕의 행차에도 전혀 동요하지 않는 기색이었습니다. 그저 일광욕을 즐기고만 있었습니다. 알렉산드로스는 그에게 "그대의 소원을 말하면 들어주겠다."라고 하였습니다. 그러자 디오게네스는 이렇게 대답하였습니다. "예, 원하는 것이 있습니다. 햇빛이 들어올 수 있도록 좀 비켜 주십시오. 그것이면 충분합니다."

알렉산드로스는 이러한 디오게네스의 행동에 충격을 받았습니다. 자신을 웃음거리가 되게 하였지만 그 오만함과 무욕(無慾)의 마음에 탄복하였습니다. 그는 자리를 떠나면서 디오게네스에 대해 얘기하며 웃고 농담하는 무리들에게 다음과 같이 말하였습니다. "정말이지, 내가 만일 알렉산드로스가 아니라면 디오게네스가 되고 싶소."[53]

디오게네스의 이러한 삶은 무욕과 함께 자연스러움을 최고의 가치로 보았던 그의 신념에서 기인합니다. 패기 넘치고 세계를 제패할 욕망에 불타던 알렉산드로스 대왕은 따뜻한 햇빛 하나만으로도 충분히 행복해 하는 디오게네스를 보며 부러움을 느꼈습니다.

우리가 그리스도인으로서 가져야 할 존재의 울림도 이와 다르지 않습니다. 존재적인 선포를 위해서는 높은 지위가 필요하지 않습니다. 뛰어난 지식이 없어도, 많은 사람들로부터 주목받고 있지 않아도 괜찮습니다. 존재의 울림이 있는 사람은 자신이 햇살인지 몰라도 이미 햇살처럼 비치고 있습니다. 이렇게 사는 것이야말로 우리가 신앙생활을 하는 멋이요 보람이요 가치가 아닐까요?

인간으로서 산다는 것이 시련이 아닌 날이 어디에 있겠습니까? 다만 하나님을 모르고 살 때는 시련의 의미도 모른 채 넘어져도 자신이 무엇에 걸려 넘어졌는지조차 깨닫지 못하고 어둠 속에서 살아왔지만, 하나님을 알고 나서는 그런 시련과 어려움을 극복하면서 우리의 삶이 나날이 돋는 햇살처럼 변해 갈 것을 알기에 위로와 용기를 얻습니다.

참된 신앙은 헛된 것에 얽매이지 않습니다. 이 세상에서 많은 복을 누리는 것과 신앙을 연결시키지 마십시오. 신앙은 오직 하나님만이 우리를 참으로 행복하게 해줄 수 있음을 믿는 것입니다. 우리의 인생이 주님의 손에 달렸으니 주님께 맡기십시오. 주님이 우리 안에 충만히 계실 때, 우리는 돋는 햇살처럼 빛을 발하며 존재의 울림을 들려주는 사람으로 살 수 있습니다.

부디 우리가 이 땅에 살아 있는 것이 티끌만큼이라도 하나님의 덕을 선포하는 교회의 웅장한 울림의 일부가 되도록 살아가십시오.

주

1 Walter Bauer, *A Greek-English Lexicon of the New Testament and Other Early Christian Literature*, 3rd ed., eds. Frederick W. Danker, W. F. Arndt, F. W. Gingrich (Chicago: University of Chicago Press, 2000), 194.

2 J. Ramsey Michaels, *1 Peter*, in *Word Biblical Commentary*, vol. 49 (Waco: Word Books Publisher, 1988), 108. 자세한 사항은 다음 책을 참조하라. Michael W. Holmes ed., *The Martyrdom of Polycarp*, in *The Apostolic Fathers: Greek Texts and English Translations*, 3rd ed., trans. J. B. Lightfoot, J. R. Harmer (Grand Rapids: Baker Academic, 2009), 310-311.

3 J. Ramsey Michaels, *1 Peter*, in *Word Biblical Commentary*, vol. 49 (Waco: Word Books Publisher, 1988), 108. 자세한 사항은 다음 책을 참조하라. Clement of Alexandria, *The Stromata(Miscellanies)*, in *The Ante-Nicene Fathers*, vol. 2, trans. Alexander Roberts, James Donaldson (Grand Rapids: Wm. B. Eerdmans Publishing Company, 1983), 489-490; Tertullian, *Ad Nationes*, in *The Ante-Nicene Fathers*, vol. 3, trans. Alexander Roberts, James Donaldson (Grand Rapids: Wm. B. Eerdmans Publishing Company, 1986), 116-117.

4 Walter Bauer, *A Greek-English Lexicon of the New Testament and Other Early Christian Literature*, 3rd ed., eds. Frederick W. Danker, W. F. Arndt, F. W. Gingrich (Chicago: University of Chicago Press, 2000), 194. 자세한 사항은 다음 책을 참조하라. Plutarch, *On the Delays of the Divine Vengeance*, in *Loeb Classical Library*, vol. 405, trans. Phillip H. De Lacy, Benedict Einarson (Cambridge: Harvard University Press, 1959), 299.

5 Walter Bauer, *A Greek-English Lexicon of the New Testament and Other Early Christian Literature*, 3rd ed., eds. Frederick W. Danker, W. F. Arndt, F. W.

Gingrich (Chicago: University of Chicago Press, 2000), 194. 자세한 사항은 다음 책을 참조하라. Eusebius, *Eusebius' Ecclesiastical History: Complete and Unabridged*, trans. C. F. Cruse (Peabody: Hendrickson Publishers, 2009), 139.

6 박원자, 『나의 행자 시절 2: 고향을 향하여』 (서울: 다할미디어, 2008), 276-279.

7 김인수, 『예수의 양 주기철』 (서울: 홍성사, 2007).

8 Aurelii Augustini, *De Moribus Ecclesiae Catholicae et de Moribus Manichaeorum*, in *Patrologia Latina, Curcus Completus*, vol. 32, ed. J. P. Migne (Paris: Imprimerie Catholique, 1845).

9 J. Ramsey Michaels, *1 Peter*, in *Word Biblical Commentary*, vol. 49 (Waco: Word Books Publisher, 1988), 108.

10 Peter H. Davids, *The First Epistle of Peter*, in *The New International Commentary on the New Testament* (Grand Rapids: Wm. B. Eerdmans Publishing Company, 1990), 91-93; Karen H. Jobes, *1 Peter*, in *Baker Exegetical Commentary on the New Testament* (Grand Rapids: Baker Academic, 2009), 160.

11 Martin Luther, *The Freedom of a Christian*, in *Luther's Works: Career of the Reformer I*, vol. 31, trans. W. A. Lambert, Harold J. Grimm, ed. Helmut T. Lehmann, Harold J. Grimm (Philadelphia: Fortress Press, 1957), 355; Martin Luther, *A Treatise on the New Testament, that is, the Holy Mass*, in *Luther's Works: Word and Sacrament I*, vol. 35, trans. Jeremiah J. Schindel, E. Theodore Bachmann, ed. Helmut T. Lehmann, E. Theodore Bachmann (Philadelphia: Fortress Press, 1981), 101.

12 Martin Luther, *To the Christian Nobility of the German Nation Concerning the Reform of the Christian Estate*, in *Luther's Works: The Christian in Society I*, vol. 44, trans. Charles M. Jacobs, James Atkinson, ed. Helmut T. Lehmann, James Atkinson (Philadelphia: Fortress Press, 1980), 126-133.

13 제2차 바티칸 공의회(Vatican Council II, 1962-1965)는 새로운 시대적, 신학적, 제도적 질문들에 대한 논의들을 이끌어 낸 로마 가톨릭의 공의회로서 네 개의 헌장(거룩한 전례, 교회에 관한 교의, 하나님의 계시, 현대 세계의 교회에 관한 사목 헌장)과 아홉 개의 교령(사회 매체, 동방 가톨릭교회, 일치 운동, 주교들의 사목 임무, 수도 생활의 쇄신, 사제 양성, 평신도 사도직, 교회 선교 활동, 사제의 생활과 교역에 관한 교령)과 세 개의 선언(그리스도인 교육, 비그리스도교와 교회의 관계, 종교의 자유에 관한 선언)으로 이뤄진 총 열여섯 개의 문서로 정리되었다. 근대 사상과 맞선 제1차 바티칸 공의회와는 달리 새로운 시대적 요구에 따른 적응성에 초점을 맞춘 이 회의는 배타적인 교회 조직과 사상에서 벗어나 세계 교회의 연합과 일치를 꾀하고, 평신도와 사제들의 관계와 사역을 재정립하며, 교회와 국가, 교회와 문화, 교회와 국제적 사회와의 관계를 새롭게 모색함으로써 과감한 개혁을 이뤄 냈다. 라틴어로 봉헌되던 미사가 각국의 자국어로 드려지게 된 것과 동방 정교회와 개신교 등을 비롯한 세계 교회를 인정할 뿐만 아니라 유대교와 다른 종교들과의 대화까지도 열어 놓은 것은 이 개혁의 대표적인 실례라 할 수 있겠다. 박정일 편, 『제2차 바티칸 공의회 문헌』(서울: 한국천주교중앙협의회, 2002); Peter Hünermann, Wolfgang Thönissen, "Vatican II," in *Religion Past & Present*, vol. 13 (Leiden: Brill, 2013), 281-286.

14 Alister E. McGrath, *Christian Theology: An Introduction*, 5th ed. (Malden: Wiley-Blackwell, 2011), 389.

15 Martin Luther, *On the Councils and the Church*, in *Luther's Works: Church and Ministry III*, vol. 41, trans. Charles M. Jacobs, Eric W. Gritsch, ed. Helmut T. Lehmann, Eric W. Gritsch (Philadelphia: Fortress Press, 1988), 154.

16 John Calvin, *Commentaries on the Four Last Books of Moses, Arranged in the Form of a Harmony*, in *Calvin's Commentaries*, vol. 2, trans. Charles William Bingham (Grand Rapids: Baker Book House, 1998), 319-320.

17 John Calvin, *Commentaries on the Epistle of Paul the Apostle to the Hebrews*, in *Calvin's Commentaries*, vol. 22, trans. John Owen (Grand Rapids: Baker Book House, 1998), 74-75.

18 וַהֲבִיאוֹתִים אֶל־הַר קָדְשִׁי וְשִׂמַּחְתִּים בְּבֵית תְּפִלָּתִי עוֹלֹתֵיהֶם וְזִבְחֵיהֶם
לְרָצוֹן עַל־מִזְבְּחִי כִּי בֵיתִי בֵּית־תְּפִלָּה יִקָּרֵא לְכָל־הָעַמִּים:

19 자세한 사항은 다음 책을 참조하라. 김남준, 『자네 정말 그 길을 가려나』 (서울: 생명의 말씀사, 2008), 168-170.

20 Sancti Bernardi, *Sermones de Diversis*, in *Patrologia Latina, Curcus Completus*, vol. 183, ed. J. P. Migne (Paris: Imprimerie Catholique, 1862), 620.

21 William of Saint Thierry, *The Golden Epistle: A Letter to the Brethren at Mont Dieu*, trans. Theodore Berkeley (Kalamazoo: Cistercian Publications, 1980), 68.

22 자세한 사항은 다음 책을 참조하라. 김남준, 『경건의 비밀, 그리스도』 (안양: 열린교회 출판부, 2008), 28-38.

23 John Owen, *The Nature and Causes of Apostasy from the Gospel*, in *The Works of John Owen*, vol. 7, ed. William H. Goold (Edinburgh: The Banner of Truth Trust, 1991), 187.

24 J. G. Machen, *The New Testament: An Introduction to Its Literature and History* (Edinburgh: The Banner of Truth Trust, 1981), 20-26; Philip Schaff, *History of the Christian Church: Ante-Nicene Christianity A.D. 100-325*, vol. 2 (Grand Rapids: Wm. B. Eerdmans Publishing Company, 1994), 40-42; 프리츠 하이켈하임, 『로마사』, 김덕수 역 (고양: 현대지성사, 2004), 574-587.

25 Walter Bauer, *A Greek-English Lexicon of the New Testament and Other Early Christian Literature*, 3rd ed., eds. Frederick W. Danker, W. F. Arndt, F. W. Gingrich (Chicago: University of Chicago Press, 2000), 10-11.

26 Henry George Liddell, Robert Scott eds., *Greek-English Lexicon with a Revised Supplement*, rev. and augm. Henry Stuart Jones, Roderick Mckenzie (Oxford: Clarendon Press, 1996), 14.

27 Karl Ludwig Schmidt, "Εθνος, Ἐθνικός," in *Theological Dictionary of the New Testament*, vol. 2, ed. Gerhard Kittel, Geoffrey W. Bromiley (Grand Rapids: Wm. B. Eerdmans Publishing Company, 1974), 369-372.

28 Walter Bauer, *A Greek-English Lexicon of the New Testament and Other Early Christian Literature*, 3rd ed., eds. Frederick W. Danker, W. F. Arndt, F. W. Gingrich (Chicago: University of Chicago Press, 2000), 276-277.

29 Louis Berkhof, *Systematic Theology* (Grand Rapids: Wm. B. Eerdmans Publishing Company, 1996), 74-75.

30 김학주 편역, 『唐詩選』(서울: 명문당, 2011), 46.

31 자세한 사항은 다음 책을 참조하라. 김남준, 『하나님의 도덕적 통치』(서울: 생명의말씀사, 2007), 51-52.

32 John Calvin, *Institutes of the Christian Religion*, vol. 1, trans. Henry Beveridge (Grand Rapids: Wm. B. Eerdmans Publishing Company, 1981), 38-39.

33 Jeremy Taylor, *The Rule and Exercises of Holy Dying*, in *The Whole Works of the Right Rev. Jeremy Taylor*, vol. 1 (London: Reeves & Turner, 1880), 535.

34 자세한 사항은 다음 책을 참조하라. 김남준, 『성화와 기도』(서울: 생명의말씀사, 2007), 125.

35 Francis Brown, Samuel Rolles Driver, Charles Augustus Briggs, *Enhanced Brown-Driver-Briggs Hebrew and English Lexicon* (Oxford: Clarendon Press, 1977), 688; Wilhelm Gesenius, *Gesenius' Hebrew and Chaldee Lexicon to the Old Testament Scriptures*, trans. Samuel Prideaux Tregelles (Grand Rapids: Baker Book House, 1984), 578.

36 70인경을 보면, 이 세굴라의 헬라어 동치어로 페리포이에시스를 사용하고 있다. J. Ramsey Michaels, *1 Peter*, in *Word Biblical Commentary*, vol. 49 (Waco: Word Books Publisher, 1988), 109.

37 J. Ramsey Michaels, *1 Peter*, in *Word Biblical Commentary*, vol. 49 (Waco: Word Books Publisher, 1988), 109.

38 "지금까지 사물에 관하여 논의하였는데, 가장 중요한 것은 율법과 성경 전체의 완성과 목적이 향유해야 할 사물에 대한 사랑임을 이해하는 것이다. 우리 자신을 사랑하는 일에는 계명이 필요하지 않기 때문이다. 우리가 이 일을 알고 행할 수 있도록 하시기 위해 하나님의 섭리를 통해 우리의 구원을 위한 현세적 경륜 전체가 세워졌다"(*Omnium igitur quae dicta sunt, ex quo de rebus tractamus, haec summa est, ut intellegatur Legis et omnium divinarum scripturarum plenitudo et finis esse dilectio rei qua fruendum est, et rei quae nobiscum ea re frui potest, quia ut se quisque diligat praecepto non opus est. Hoc ergo ut nossemus atque possemus, facta est tota pro nostra salute per divinam providentiam dispensatio temporalis*). Avrelivs Avgvstinvs, *De Doctrina Christiana*, in *Corpvs Christianorvm Series Latina, XXXII: Avrelii Avgvstini Opera*, Pars IV, 1 (Tvrnholti: Typographi Brepols Editores Pontificii, 1962), 28-29.

39 조나단 에드워즈는 그리스도와 신자들 간의 연합을 마음의 연합(union of heart)이라고 불렀으며, 이 연합을 기초로 하여 신자들 사이에도 가족적인 연합(relative union), 합법적인 연합(legal union), 생명적인 연합(vital union)이 뒤따른다고 설명하였다. Jonathan Edwards, "Sacramental Union in Christ," *Sermons and Discourses 1743-1758*, in *The Works of Jonathan Edwards*, vol. 25, ed. Wilson H. Kimnach (New Haven: Yale University Press, 2006), 585-586.

40 "하나님을 사랑하는 자가 자기 자신을 사랑하는 일에 실패한다는 것은 불가능하다. 반대로 하나님을 사랑하는 자만이 자기 자신을 어떻게 사랑해야 하는지를 안다. 그러므로 결국 그는 지극히 높고 선한 선을 즐거워하려고 열심히 애를 쓰는 자신을 사랑한다. 그것이 하나님 외에 다른 것이 아니라면……하나님을 사랑하는 자가 자기 자신을 사랑하는 자라는 것을 누가 의심할 수 있겠는가?"(*Non enim fieri potest ut seipsum non diligat qui diligit Deum, immo vero solus se novit diligere qui Deum diligit. Siquidem*

ille se satis diligit qui sedulo agit, ut summo et vero perfruatur bono; quod si nihil est aliud quam Deus, ...quis cunctari potest, quin sese amet, qui amator est Dei?) Aurelii Augustini, *De Moribus Ecclesiae Catholicae et de Moribus Manichaeorum*, in *Patrologia Latina, Curcus Completus*, vol. 32, ed. J. P. Migne (Paris: Imprimerie Catholique, 1845), 1331.

41 플루타르코스, 『플루타르코스 영웅전』, 천병희 역 (고양: 도서출판숲, 2012), 330; Plutarch, *Alexander*, in *The Loeb Classical Library*, vol. 99, trans. Bernadotte Perrin (Cambridge: Harvard University Press, 2004), 384-389.

42 헤로도토스, 『역사』, 천병희 역 (고양: 도서출판숲, 2009), 738-750.

43 Walter Bauer, *A Greek-English Lexicon of the New Testament and Other Early Christian Literature*, 3rd ed., eds. Frederick W. Danker, W. F. Arndt, F. W. Gingrich (Chicago: University of Chicago Press, 2000), 932.

44 Avrelivs Avgvstinvs, *Confessiones*, in *Corpvs Christianorvm Series Latina, XXVII: Avrelii Avgvstini Opera* (Tvrnholti: Typographi Brepols Editores Pontificii, 1996), 107.

45 자세한 사항은 다음 책을 참조하라. 김남준, 『자기 깨어짐』 (서울: 생명의말씀사, 2006), 230-234.

46 Michael W. Holmes ed., First Clement, in *The Apostolic Fathers: Greek Texts and English Translations*, 3rd ed., trans. J. B. Lightfoot, J. R. Harmer (Grand Rapids: Baker Academic, 2009), 93.

47 Michael W. Holmes ed., Barnabas, in *The Apostolic Fathers: Greek Texts and English Translations*, 3rd ed., trans. J. B. Lightfoot, J. R. Harmer (Grand Rapids: Baker Academic, 2009), 424-427.

48 존 맥아더, 『슬레이브』, 박주성 역 (서울: 국제제자훈련원, 2014), 13-16; Eusebius, *Eusebius' Ecclesiastical History: Complete and Unabridged*, trans. C. F. Cruse (Peabody: Hendrickson Publishers, 2009), 150-151.

49 David Sedley, "Arete," in *Routledge Encyclopedia of Philosophy*, vol. 1, ed. Edward Craig (London: Routledge, 2005), 373.

50 '덕'에 관한 보다 상세한 철학적 논의에 대해서는 다음 두 책을 참조하라. 플라톤, 『플라톤의 국가, 政體』, 박종현 역 (서울: 서광사, 2005); 아리스토텔레스, 『니코마코스 윤리학』, 최명관 역 (서울: 서광사, 2004).

51 John Calvin, *Commentaries on the Epistle of Paul the Apostle to the Hebrews*, in *Calvin's Commentaries*, vol. 22, trans. John Owen (Grand Rapids: Baker Book House, 1998), 76.

52 Francis Brown, Samuel Rolles Driver, Charles Augustus Briggs, *Enhanced Brown-Driver-Briggs Hebrew and English Lexicon* (Oxford: Clarendon Press, 1977), 707.

53 플루타르코스, 『플루타르코스 영웅전』, 천병희 역 (고양: 도서출판숲, 2012), 262; Plutarch, *Alexander*, in *The Loeb Classical Library*, vol. 99, trans. Bernadotte Perrin (Cambridge: Harvard University Press, 2004), 258-259.

참고 문헌

국내 단행본, 번역본

김남준. 『경건의 비밀, 그리스도』(안양: 열린교회출판부, 2008).

김남준. 『성화와 기도』(서울: 생명의말씀사, 2007).

김남준. 『자기 깨어짐』(서울: 생명의말씀사, 2006).

김남준. 『자네 정말 그 길을 가려나』(서울: 생명의말씀사, 2008).

김남준. 『하나님의 도덕적 통치』(서울: 생명의말씀사, 2007).

김인수. 『예수의 양 주기철』(서울: 홍성사, 2007).

김학주 편역. 『唐詩選』(서울: 명문당, 2011).

박원자. 『나의 행자 시절 2: 고향을 향하여』(서울: 다할미디어, 2008).

박정일 편. 『제2차 바티칸 공의회 문헌』(서울: 한국천주교중앙협의회, 2002).

아리스토텔레스. 『니코마코스 윤리학』. 최명관 역 (서울: 서광사, 2004).

존 맥아더. 『슬레이브』. 박주성 역 (서울: 국제제자훈련원, 2014).

프리츠 하이켈하임. 『로마사』. 김덕수 역 (고양: 현대지성사, 2004).

플라톤. 『플라톤의 국가, 政體』. 박종현 역 (서울: 서광사, 2005).

플루타르코스. 『플루타르코스 영웅전』. 천병희 역 (고양: 도서출판숲, 2012).

헤로도토스. 『역사』. 천병희 역 (고양: 도서출판숲, 2009).

국외 단행본, 번역본

Augustini, Aurelii. *De Moribus Ecclesiae Catholicae et de Moribus Manichaeorum*, in *Patrologia Latina, Curcus Completus*, vol. 32, ed. J. P. Migne (Paris: Imprimerie Catholique, 1845).

Avgvstinvs, Avrelivs. *Confessiones*, in *Corpvs Christianorvm Series Latina, XXVII: Avrelii Avgvstini Opera* (Tvrnholti: Typographi Brepols Editores Pontificii, 1996).

Avgvstinvs, Avrelivs. *De Doctrina Christiana*, in *Corpvs Christianorvm Series Latina, XXXII: Avrelii Avgvstini Opera*, Pars IV, 1 (Tvrnholti: Typographi Brepols Editores Pontificii, 1962).

Bauer, Walter. *A Greek-English Lexicon of the New Testament and Other Early Christian Literature*, 3rd ed., eds. Frederick W. Danker, W. F. Arndt, F. W. Gingrich (Chicago: University of Chicago Press, 2000).

Berkhof, Louis. *Systematic Theology* (Grand Rapids: Wm. B. Eerdmans Publishing Company, 1996).

Brown, Francis. & Driver, Samuel Rolles. & Briggs, Charles Augustus. *Enhanced Brown-Driver-Briggs Hebrew and English Lexicon* (Oxford: Clarendon Press, 1977).

Calvin, John. *Commentaries on the Epistle of Paul the Apostle to the Hebrews*, in *Calvin's Commentaries*, vol. 22, trans. John Owen (Grand Rapids: Baker Book House, 1998).

Calvin, John. *Commentaries on the Four Last Books of Moses, Arranged in the Form of a Harmony*, in *Calvin's Commentaries*, vol. 2, trans. Charles William Bingham (Grand Rapids: Baker Book House, 1998).

Calvin, John. *Institutes of the Christian Religion*, vol. 1, trans. Henry Beveridge (Grand Rapids: Wm. B. Eerdmans Publishing Company, 1981).

Clement of Alexandria. *The Stromata(Miscellanies)*, in *The Ante-Nicene Fathers*, vol. 2, trans. Alexander Roberts, James Donaldson (Grand Rapids: Wm. B. Eerdmans Publishing Company, 1983).

Davids, Peter H. *The First Epistle of Peter*, in *The New International Commentary on the New Testament* (Grand Rapids: Wm. B. Eerdmans Publishing Company, 1990).

Edwards, Jonathan. "Sacramental Union in Christ," *Sermons and Discourses 1743-1758*, in *The Works of Jonathan Edwards*, vol. 25, ed. Wilson H. Kimnach (New Haven: Yale University Press, 2006).

Eusebius. *Eusebius' Ecclesiastical History: Complete and Unabridged*, trans. C. F. Cruse (Peabody: Hendrickson Publishers, 2009).

Gesenius, Wilhelm. *Gesenius' Hebrew and Chaldee Lexicon to the Old Testament Scriptures*, trans. Samuel Prideaux Tregelles (Grand Rapids: Baker Book House, 1984).

Holmes, Michael W. ed. *Barnabas*, in *The Apostolic Fathers: Greek Texts and English Translations*, 3rd ed., trans. J. B. Lightfoot, J. R. Harmer (Grand Rapids: Baker Academic, 2009).

Holmes, Michael W. ed. *First Clement*, in *The Apostolic Fathers: Greek Texts and English Translations*, 3rd ed., trans. J. B. Lightfoot, J. R. Harmer (Grand Rapids: Baker Academic, 2009).

Holmes, Michael W. ed. *The Martyrdom of Polycarp*, in *The Apostolic Fathers: Greek Texts and English Translations*, 3rd ed., trans. J. B. Lightfoot, J. R. Harmer (Grand Rapids: Baker Academic, 2009).

Hünermann, Peter. & Thönissen, Wolfgang. "Vatican II," in *Religion Past & Present*, vol. 13 (Leiden: Brill, 2013).

Jobes, Karen H. *1 Peter*, in *Baker Exegetical Commentary on the New Testament* (Grand Rapids: Baker Academic, 2009).

Liddell, Henry George. & Scott, Robert. eds. *Greek-English Lexicon with a Revised Supplement*, rev. and augm. Henry Stuart Jones, Roderick Mckenzie (Oxford: Clarendon Press, 1996).

Luther, Martin. *A Treatise on the New Testament, that is, the Holy Mass*, in *Luther's Works: Word and Sacrament I*, vol. 35, trans. Jeremiah J. Schindel, E. Theodore Bachmann, ed. Helmut T. Lehmann, E. Theodore Bachmann (Philadelphia: Fortress Press, 1981).

Luther, Martin. *On the Councils and the Church*, in *Luther's Works: Church and Ministry III*, vol. 41, trans. Charles M. Jacobs, Eric W. Gritsch, ed. Helmut T. Lehmann, Eric W. Gritsch (Philadelphia: Fortress Press, 1988).

Luther, Martin. *The Freedom of a Christian*, in *Luther's Works: Career of the Reformer I*, vol. 31, trans. W. A. Lambert, Harold J. Grimm, ed. Helmut T. Lehmann, Harold J. Grimm (Philadelphia: Fortress Press, 1957).

Luther, Martin. *To the Christian Nobility of the German Nation Concerning the Reform of the Christian Estate*, in *Luther's Works: The Christian in Society I*, vol. 44, trans. Charles M. Jacobs, James Atkinson, ed. Helmut T. Lehmann, James Atkinson (Philadelphia: Fortress Press, 1980).

Machen, J. G. *The New Testament: An Introduction to Its Literature and History* (Edinburgh: The Banner of Truth Trust, 1981).

McGrath, Alister E. *Christian Theology: An Introduction*, 5th ed. (Malden: Wiley-Blackwell, 2011).

Michaels, J. Ramsey. *1 Peter*, in *Word Biblical Commentary*, vol. 49 (Waco: Word Books Publisher, 1988).

Owen, John. *The Nature and Causes of Apostasy from the Gospel*, in *The Works of John Owen*, vol. 7, ed. William H. Goold (Edinburgh: The Banner of Truth Trust, 1991).

Plutarch. *Alexander*, in *The Loeb Classical Library*, vol. 99, trans. Bernadotte Perrin (Cambridge: Harvard University Press, 2004).

Plutarch. *On the Delays of the Divine Vengeance*, in *Loeb Classical Library*, vol. 405, trans. Phillip H. De Lacy, Benedict Einarson (Cambridge: Harvard University Press, 1959).

Sancti Bernardi. *Sermones de Diversis*, in *Patrologia Latina, Curcus Completus*, vol. 183, ed. J. P. Migne (Paris: Imprimerie Catholique, 1862).

Schaff, Philip. *History of the Christian Church: Ante-Nicene Christianity A.D. 100-325*, vol. 2 (Grand Rapids: Wm. B. Eerdmans Publishing Company, 1994).

Schmidt, Karl Ludwig. "Ἔθνος, Ἐθνικός," in *Theological Dictionary of the New Testament*, vol. 2, ed. Gerhard Kittel, Geoffrey W. Bromiley (Grand Rapids: Wm. B. Eerdmans Publishing Company, 1974).

Sedley, David. "Arete," in *Routledge Encyclopedia of Philosophy*, vol. 1, ed. Edward Craig (London: Routledge, 2005).

Taylor, Jeremy. *The Rule and Exercises of Holy Dying*, in *The Whole Works of the Right Rev. Jeremy Taylor*, vol. 1 (London: Reeves & Turner, 1880).

Tertullian. *Ad Nationes*, in *The Ante-Nicene Fathers*, vol. 3, trans. Alexander Roberts, James Donaldson (Grand Rapids: Wm. B. Eerdmans Publishing Company, 1986).

William of Saint Thierry. *The Golden Epistle: A Letter to the Brethren at Mont Dieu*, trans. Theodore Berkeley (Kalamazoo: Cistercian Publications, 1980).

사명선언문

너희가 흠이 없고 순전하여……세상에서 그들 가운데 빛들로
나타내며 생명의 말씀을 밝혀 _ 빌 2:15-16

1. 생명을 담겠습니다
만드는 책에 주님 주신 생명을 담겠습니다.
그 책으로 복음을 선포하겠습니다.

2. 말씀을 밝히겠습니다
생명의 근본은 말씀입니다.
말씀을 밝혀 성도와 교회의 성장을 돕겠습니다.

3. 빛이 되겠습니다
시대와 영혼의 어두움을 밝혀 주님 앞으로 이끄는
빛이 되는 책을 만들겠습니다.

4. 순전히 행하겠습니다
책을 만들고 전하는 일과 경영하는 일에 부끄러움이 없는
정직함으로 행하겠습니다.

5. 끝까지 전파하겠습니다
모든 사람에게, 땅 끝까지, 주님 오시는 그날까지
복음을 전하는 사명을 다하겠습니다.

서점 안내

광화문점 서울시 종로구 새문안로 69 구세군회관 1층
02)737-2288 / 02)737-4623(F)

강남점 서울시 서초구 신반포로 177 반포쇼핑타운 3동 2층
02)595-1211 / 02)595-3549(F)

구로점 서울시 동작구 시흥대로 602, 3층 302호
02)858-8744 / 02)838-0653(F)

노원점 서울시 노원구 동일로 1366 삼봉빌딩 지하 1층
02)938-7979 / 02)3391-6169(F)

분당점 경기도 성남시 분당구 황새울로 315 대현빌딩 3층
031)707-5566 / 031)707-4999(F)

일산점 경기도 고양시 일산서구 중앙로 1391 레이크타운 지하 1층
031)916-8787 / 031)916-8788(F)

의정부점 경기도 의정부시 청사로47번길 12 성산타워 3층
031)845-0600 / 031)852-6930(F)

인터넷서점 www.lifebook.co.kr

품격 있는 그리스도인의 조건은 권력이나 예의나 명성이 아닙니다.
그저, 그리스도인다운 그리스도인이 되는 것만으로도 충분합니다.

그리스도인으로서의 정체성을 바르게 확립하고
하나님의 사랑을 받는 존재로서의 자존감을 갖고 살아갈 때,
세상은 그런 그리스도인들을 바라보며 하나님을 생각합니다.

값 12,000원
Printed in Korea

ISBN 978-89-04-16613-8